2018 年重庆市高等教育教学改革研究重大项目
“高等继续教育学科课程标准研究及实践推广”
（项目编号：181031）

黄越岭
邓文桂
罗生全

主编

XUEXIZHE NENGLI BENWEI DE
JIXU JIAOYU BIAOZHUN

U0955011

学习者能力本位的继续教育标准

西南师范大学出版社
国家一级出版社 全国百佳图书出版单位

图书在版编目(CIP)数据

学习者能力本位的继续教育标准 / 黄越岭, 邓义桂, 罗生全主编. -- 重庆 : 西南师范大学出版社, 2020.6
ISBN 978-7-5697-0302-3

Ⅰ. ①学… Ⅱ. ①黄… ②邓… ③罗… Ⅲ. ①继续教育-研究-中国 Ⅳ. ①G729.2

中国版本图书馆CIP数据核字(2020)第103992号

学习者能力本位的继续教育标准

黄越岭　邓义桂　罗生全　主　编

责任编辑：黄　璜
责任校对：畅　洁
封面设计：观止堂_未　氓
排　　版：王　兴
出版发行：西南师范大学出版社
网址：http://www.xscbs.com
地址：重庆市北碚区天生路2号
市场营销部：023-68868624
邮编：400715
印　　刷：重庆荟文印务有限公司
幅面尺寸：170mm×240mm
印　　张：12.75
字　　数：194千字
版　　次：2020年8月 第1版
印　　次：2020年8月 第1次印刷
书　　号：ISBN 978-7-5697-0302-3

定　　价：48.00元

目录

导论

一、研究背景

(一)继续教育未能实现促进学习者职业能力提升的应然诉求

人类社会进入21世纪以后,随着信息技术的高速发展,越来越凸显了人才这个生产要素在国家发展、国际竞争方面的重要作用。实现国家富强、民族复兴、人民幸福的"中国梦",不断推进社会主义现代化建设,客观上要求各专业人才拥有更高质量的职业能力。我国的《国家中长期教育改革和发展规划纲要(2010—2020年)》中提出了"构建灵活开放的终身教育体系"的要求,以及"到2020年,基本实现教育现代化,基本形成学习型社会,进入人力资源强国行列"的战略目标。在终身学习的时代,学习者的成长一方面需要自我学习、自我完善和自我发展,另一方面需要持续的继续教育。继续教育是提升、补充和更新学习者知识结构和能力素质的教育,是优化从业人员知识结构、提升从业人员技能水平、提高人才素质和竞争力的重要手段。然而在现实运行中,继续教育并未能有效发挥作用,存在理论与实践脱节、与普通教育混淆、教育模式落后等诸多问题,诸多从业人员将继续教育视为一种"拖累"而非"福利",从而降低和消减了继续教育的应然价值。

(二)专业标准对提升继续教育质量具有重要价值

一般认为,欧美公立大学的全日制学生是"宽进严出"的。继续教育学院因为提供的学位专业较少、接受人数有限以及对象的成人特点和个性化招生方式等，往往更重视保证质量。学位课程不仅要接受学校内部的专门监督检查，也要接受校外专业机构的评估或认证，以此保证学历继续教育与全日制教育处于同一水平。[①]伴随历史演变和科学技术发展，通过多种方式不断更新从业人员的知识已经成为一种必然之势，在此种形势下，继续教育得以不断扩展和蔓延，且在数量扩展的同时，继续教育质量问题逐渐得到各方人士的关注。苏联教育学家卓娅·阿列克耶夫娜·马尔科娃认为标准是教育部门产品必须达到的知识、技能、习惯与价值水平的一组参数，专业标准是相关教育的基本导向。我国继续教育存在办学质量良莠不齐等问题，继续教育的质量保障体系建设面临多重困境。为此，亟须制定科学、权威的继续教育专业标准，以规范继续教育专业的基本建设和办学行为，保证我国继续教育的培养质量，同时为继续教育发展提供更明确的指导和发展方向。

（三）我国缺乏以提升学习者职业能力为导向的继续教育专业标准

诸多学者已经认识到了我国继续教育存在的现实问题，并从指导思想、办学模式、管理体制以及经费筹措等诸多层面提出了优化和改进继续教育发展的战略举措。但是，对于专业学习者的继续教育尚未形成完善的制度和高效的教育培训机制，这就需要加强对继续教育的理论研究工作，学习借鉴国外发达国家在继续教育方面的先进经验，深入剖析影响继续教育质量的各种因素，提出具有针对性的各种意见，进一步完善我国的继续教育体系。由此，创新继续教育模式，重视继续教育对提升学习者职业能力的价值成为现实所需。通过对已有研究的梳理发现，鲜有学者从专业标准的视角规范和改善继续教育，而缺乏方向引导的任何改善继续教育的举措必然会无的放矢，因此，制定专业标准是发展继续教育的基点。

---

① 江波，蒋凤瑛，杨劲松，等.国际视野下的我国高校继续教育的改革和发展[J].国家教育行政学院学报，2015(9)：11-16.

二、研究价值

(一)有利于强化继续教育实施的可操作性

《全国专业技术人员继续教育暂行规定》出台后,各相关专业部门和专业机构颁布了相关专业继续教育的指导性文件,高校也陆续制定了本校继续教育的相关制度。但从总体上看,我国继续教育相关制度中对各专业继续教育目标的描述过于抽象,缺乏实际的可操作性。专业标准是继续教育教学活动科学有效实施的重要指导。专业标准对宗旨和目标有明确而具体的要求,对专业职业能力所包括的内涵进行逐一说明,可谓对目标的描述非常具体、细致,具备可操作性。继续教育专业标准对不同职业的知识、能力和态度等方面提出明确的要求,教师按照这些要求教学,不仅能保证教育教学活动的科学性,而且能保证教育教学活动的有效性。继续教育培养目标从专业目标、内容课程、培训模式、考核方法、教材、师资配备等方面对各专业继续教育做出规定和要求,使得各专业继续教育的实施有了具体的、可操作的指导性规范。

(二)有利于促进学习者职业能力的提升

继续教育的对象主要是具备一定工作经验并寻求继续学习的在职从业人员。专业化的继续教育针对的是已经取得某种职业认证资格的从业者,而他们的需求主要是对自身职业专业化水平的进一步提升。因此,继续教育专业标准的制定的最终指向就是为了保障学习者的职业能力得到提升。当今世界各国都纷纷加大对继续教育的投入,我国作为发展中国家,更应加大对继续教育的投入。基于专业标准的继续教育的新一轮改革,能为生产不断创造高素质、满足社会科技发展的人才,人力资源转化为人力资本,为社会的发展和进步提供源源不断的动力。

(三)有利于提高继续教育的质量

继续教育不仅有利于学习者各项技能和素质的提高,而且有益于组织的发展和社会的进步,因而继续教育是终身教育中不可或缺的一部分。继续教育专业标准的制定对提高继续教育质量、保障继续教育的规范性、更好地促进学习者的发展具有重大意义。围绕职业能力设立对应的培养目标,根据各专业的培养目标设置科学合理的课程,课程编制的依据之一就是学习者的需求。继续教育专业标准的制定,不仅可以规范继续教育机构的培训内容,而且有利于对继续教育机构的培养质量进行考核评价。以提升职业能力为导向,继续教育机构在符合规范、保证基本内容的基础上突出特色,这对提高不同层次学习者的职业能力有着重大意义。

三、文献综述

十八大以来,我国政府更加重视终身教育体系建设,不断出台相关政策支持继续教育发展。这不仅表明了继续教育的重要性,而且揭示了继续教育的研究还应继续深化。那么,回视并反思继续教育相关研究成果,就不仅仅是为了发现现有研究已经做了什么,未来研究还能做什么,更重要的是在对已有成果的梳理中找寻学理基础,为后续研究打下坚实的基础。正是基于这样的理解,本书详细梳理了继续教育相关研究成果,其主要聚焦于以下六个方面:

(一)继续教育的内涵

“继续教育”一词第一次出现在英国《1944年教育法》中,其内涵没有统一定论,联合国教科文组织出版的《职业技术教育术语》一书称:继续教育是指那些已脱离正规教育,已参加工作或负有成人责任的人所受的各种各样的教育。它对某个人来说,可能是接受某个阶段的正规教育;对另外的某个人来说,可能是在某个特殊领域内更新或补充知识;还有的人可能是在为提高其职业能力而努力。《培格曼国际终身教育百科全书》认为:继续教育是包括正规教育和非正规教育的一个综合体系,其对继续教育的定义是基于教育目标,而非针对教育对象的年龄或者继续教育在学段中的位置。我国的《教育大辞典》和《成人教育辞典》认为:继续教育是学历教育的延伸和发展,对已获得一定学历教育和专业技术职称的在职人员不断进行的旨在更新知识和提高职业能力,以适应社会发展和科技进步的教育。此外,继续教育在不同国家亦具有不同内涵。英国将继续教育作为继初等教育和中等教育两个阶段以后的第三个阶段,为义务教育超龄者提供全日制教育、业余教育和闲暇教育。法国认为继续教育是人生的第四阶段教育(前三阶段教育分别是幼儿教育、义务教育、大学教育),是从业人员为进一步的职业发展所接受的教育。美国认为继续教育是与正规教育相区分的,继续教育是个体因职业发展或者转换职业的需要而接受的与职业相关的教育。

(二)继续教育的价值

继续教育的价值体现在个人和社会两个层面上。在个人层面上,继续教育是更新个人知识以提高个人职业竞争力的重要手段和途径。国内外的经验表明,人才成长是学校教育与继续教育相互补充、持续学习与工作实践相互交替的结果。继续教育特别是培训,还具有周期短、针对性强、传播新知识和新技术较快的特点。在知识经济兴起和终身教育发展的新形势下,继续教育越来越成为提高劳动者素质和造就各类专门人才(包括一大批能进入世界经济、管理和科学技术前沿的拔尖创新人才)的重要途径。在社会层面上,继续教育是使全民学有所教,促进经济增长方式转变和产业、经济结构调整的关键因素。为了应对全球经济竞争,需要对产业、经济结构进行调整和优化升级,劳动者和各类专门人才的素质是解决这一问题的根本因素。上海的一项调查表明,39.2%的市民对各类职业培训有需求,30.0%的市民对学历教育有需求,39.8% 的市民对保健养生教育有需求,35.3%的市民对家政、理财等生活教育有需求,27.6%的市民对休闲教育有需求。因此,以继续教育的方式促进劳动者的素质提升,既是经济转型的需要,也是为了满足劳动者自身发展的需求。

(三)继续教育存在的问题

继续教育在实践中仍存在诸多问题,主要表现在以下四个方面。第一,人才培养模式普教化。继续教育在课程体系、教育模式等方面未能创建与继续教育目标相适宜的教育体系,而是模仿传统教育的学科教育体系,从而使继续教育丧失了其本来的独特价值和效用。第二,理论与实践相脱节。鲜明的职业岗位针对性是职业教育区别于普通高等教育的主要特征,然而在现实的继续教育中却存在重书本、轻实践,重共性、轻个性的现象,不能针对继续教育对象的现实需求采取具有针对性的教育,而是将重复性的、陈旧的理论知识以传授性的方式告知学生,忽视相关理论知识与继续教育学生的实践经验有机契合。第三,师资结构不合理。现有的继续教育的师资多是普通高校中以理论研究为主的科研人员,这些教师具有比较系统的理论知识,但是由于其没有相关的实践经验,从而难以切实了解继续教育学生的现实需求,进而导致继续教育教学脱离学生经验。第四,继续教育专业标准定位模糊。专业标准是开展继续教育的依据和准绳,亦是保证继续教育质量的参考和依据,然而现有的继续教育专业标准脱离继续教育专业对象、缺乏继续教育专业特色。此外,由郝克明、张力带领的第六战略专题调研组提出继续教育存在参与率较低,影响了劳动者的知识更新和技能提高,领导管理体制和保障机制很不适应我国继续教育发展的需求,继续教育的数量和质量不适应社会和学习者发展需求等问题。

(四)继续教育发展路径探析

郝克明、张力带领的第六战略专题调研组从指导思想、战略目标和任务以及具体的政策建议等层面提出了发展继续教育的构想。指导思想主要体现在以科学发展观为指导,以社会发展和学习者的需求为基点,拓展各类教育机构的教育功能,加强信息网络技术在继续教育领域的应用,促进普通教育与职业教育、学历教育与非学历教育之间的相互沟通和衔接,并从领导管理体制、健全继续教育制度和发展机制、充分发挥各级各类学校在推进继续教育的重要作用和价值、改革继续教育的培养模式、建立多渠道的教育经费筹措的体制等方面提出具有针对性的策略和建议。周颖宇针对继续教育质量问题，提出从增强继续教育的质量意识、加强对继续教育质量的监控与评估、强化继续教育师资队伍建设以及加强继续教育教学管理等方面提升继续教育质量。王晓瑜等学者针对继续教育存在的诸多问题，提出从转变继续教育思想、创新继续教育实施模式以及加强继续教育与实践的联系等途径发展继续教育。

（五）继续教育相关标准研究

张杰在《基于〈能力标准〉的高校辅导员继续教育体系的探索创新》中就基于《高等学校辅导员职业能力标准（暂行）》与《普通高等学校辅导员培训规划（2013—2017年）》提出，构建分层培新、分类开展、分时段设置、分平台建设的模块化辅导员继续教育一体化体系。吴万敏提出，行业高职院校以行业标准为逻辑起点，充分利用学校和企业的优质继续教育资源，校企协同设计继续教育课程体系，共同培养继续教育师资，合作共建继续教育基地，共同监控继续教育质量。李迪在《教师继续教育新取向——基于“专业标准”的教师培训》中浅谈《继续职业发展全球标准》对高校教师继续教育的启示。王晶在《农村在职中小学教师培训课程的构建——以〈中小学教师专业标准〉为基础》中指出，教师专业标准为构建农村在职中小学教师培训课程提供了依据，进而强调构建培训课程的紧迫性与重要性，并指出当前农村在职中小学教师培训课程存在的典型问题，最后阐述了以教师专业标准为基础来构建培训课程的新构想。黄艳等人在《浅谈〈继续职业发展全球标准〉对高校教师继续教育的启示》中分析了《继续职业发展全球标准》的颁布对高校教师继续教育工作产生的深远影响，对于如何理解高校教师继续教育的重要性、调动高校教师参与继续教育活动的积极性、完善高校教师继续教育的内容与形式、强化高校教师继续教育目标的可操作性等问题进行了阐述。

从上可见，鲜有研究直接明确提出要建立继续教育专业标准，但是基于各行各业的相关标准提出了对继续教育体系改革的新思路、新方法，这为本书提供了重要的参考。按照行业标准和相关专业岗位的职业能力要求，将行业的职业标准以及职业岗位所需的关键能力培养融入继续教育教学体系中，对照行业的职业标准制定继续教育的专业标准、构建相应的课程标准以及评价标准体系，建立相应的专业师资队伍。

（六）已有研究评析

已有研究分析和呈现了继续教育的内涵、价值、问题以及发展战略等基本问题，但是还存在以下问题：首先，缺乏系统性研究。大量的研究集中在“问题—对策”“经验—借鉴”层面上，缺乏从系统的视角来考查继续教育发展问题的相关研究。其次，实证性研究极少。在当前继续教育规模、现有教学资源相对不足，社会需求和培养环境发生较大变化的背景下，继续教育的培养模式问题重重，但行动研究或实证研究依然缺乏。再次，前瞻性研究不足。继续教育的相关研究严重滞后于时代发展，有些研究仅为对时事政策的解读与执行，无法指导继续教育教学实践，缺乏对继续教育的前瞻性研究。最后，关于专业标准的研究多以行业标准来构建继续教育的相关模式及体系，但直接涉及构建继续教育专业标准的研究还较少且不深入。

四、核心概念界定

（一）学习者

学习者是指在各种教育活动中从事学习活动的人，是教育活动的对象和主体。学习者作为一个独立个体，有自己的主体需要和意识，在接受教育影响的同时，他们还具有将学习内容进行重组、创新的能力。在当今社会，教育的对象已经从青少年扩大到所有的社会成员，学习者不再局限于在校学生。[①]本书中的学习者主要是具备一定工作经验并寻求继续学习的在职从业人员。

（二）能力本位

继续教育中的能力是职业角色者从事一定岗位所具备的个体能力结构，它由一般性的知识、技能和态度以及对具体情景的理解力等诸要素构成，并作为一个有机的整体综合地发挥作用。值得注意的是，在该能力结构中，任何一个孤立的能力要素都难以完成职业活动。倘若没有一般性的知识、技能和态度，就难以灵活高效地工作；如果缺少对工作情景的理解，即使掌握了一般性的知识、技能和态度，也难以进行操作运用，更达不到对已有认知结构的改组重造。笔者认为，能力本位是指继续教育中以培养学习者胜任某一具体职业所需要的职业能力及培养学习者的一般性知识、技能和态度为中心的一种整合性能力观。

（三）继续教育标准

继续教育标准是为了提升学习者职业能力，在一定的理论指导和条件下，基于接受继续教育的学习者专业发展的规律，由相关利益者协商一致共同制定，并由公认机构批准、共同使用、推广的多层次的具有内在有机联系的继续教育质量规格标准。它需要反映某一具体职业的内在规定性，反映学习者学习发展的需求，反映教育对象的职业发展规律。继续教育标准包括继续教育专业目标、课程内容、培训模式、考核方法、教材、师资配备等。

---

① 任平，孙文云．现代教育学概论：第2版[M]．广州：暨南大学出版社，2016：5.

第一部分　理论篇:继续教育的能力观基础

继续教育是提高专业技术人员创新能力和整体素质的重要途径,也是终身教育体系的重要一环。其中,树立正确的质量观、构建质量标准是提升继续教育质量的前提,是继续教育实践的逻辑起点。继续教育发展历史悠久,构建学习者能力本位的继续教育标准,是由继续教育能力观的现有基础决定的。

第一节　继续教育能力观的理论基础

“能力本位”已逐渐成为我国继续教育发展的共识,继续教育的目标是促进学习者整体职业能力的综合发展。由于对“能力是什么”的理解不同,因而形成了不同的能力观,不同的能力观又产生了不同的能力标准。对于职业能力观的理解实际上是把握职业能力内涵发展的一个动态过程,通过这个过程可以明确哪种能力观适用于学习者的职业能力发展。本书是基于以学习者职业能力提升为导向的继续教育标准的理论探索,因此,对职业能力的选择是首要任务。

一、行为主义的任务技能观

19世纪末20世纪初,在第二次工业革命的推动下,伴随北美早期能力本位运动的发起,工业领域形成了少品种大批量生产的生产模式,分工越来越精细,对操作性技术的要求越来越高，要求每一个岗位上的工作者能够娴熟地掌握本岗位所需的技能技巧，完全胜任本职工作，从而催生出行为主义的任务技能观。①

行为主义的任务技能观是一种强调岗位任务技能的能力观。这样的能力观是以行为主义心理学为理论基础，将岗位任务技能视为能力的核心，尤其强调完成特定的专项岗位任务所必需的操作性技能。这些任务技能可以被分解和测量，即将其划分为一项项具体的任务技能，这些具体的任务技能又对应着一系列具体行为，这些能够被陈述的一系列具体行为则是需要接受培训的。

在教学过程中，行为主义的任务技能观认为职业能力是职业技能，将一项项工作任务细分为一系列的学习技能，关注培养学习者从事具体或特定职业或岗位的具体能力，较适用于针对性和操作性较强的岗位培训。同时，受任务技能观的影响，任务目标能被分解与测量，可以从简单到复杂的教学顺序去教授学习者，以使其掌握这些操作技能，这有助于提升培训效率，且能客观地评价效能。

行为主义的任务技能观对能力的理解偏于狭隘，培训中偏于对具体技能的重视，将能力视为一系列具体的、孤立的行为，这样的操作标准忽视了技能之间的关联，忽略了一般素质的要求，忽视了真实职业工作的复杂性，这种能力观仅适用于中等职业技术教育及其对技术工人的岗位培训。因此，能力不能简单地等同于专项职业技能，在培养学习者能力的同时还要考虑更多与能力素质密切相关的其他因素。

二、功能主义的关键能力观

20世纪四五十年代，行为主义的任务技能观开始受到冲击。伴随新科技革命的发展，知识、技术、产品的淘汰速度越来越快，知识技能的老化速度日益加剧，对社会经济形态、生产方式、劳动力市场均产生较大影响，引起了对劳动者素

① 陈鹏.职业能力观演变的历史逻辑及其理论述评：基于能力本位教育与培训发展的研究[J].中国职业技术教育，2010(6)：54-57.

质要求的变化，亟须劳动者能够在多个职位间频繁流动，这就要求劳动者具备一种能够在不同职业间迁移、可以通用的职业能力。

于是，德国教育家梅腾斯在20世纪70年代正式提出了培养学习者的“关键能力”。这种关键能力是与一定的专业实际技能不直接相关的知识、能力及技能，是一种能在各种职责上做出判断选择的能力，是能够胜任职业生涯中各种不可预见的变化的能力，具体包括四个基本要素：基础能力、职业拓展性能力、信息获取和加工能力、时代关联性能力。①这种关键能力在新加坡被称为必要技能，在英国被称为核心技能。虽然名称不统一，但都说明了其具有广泛的可迁移性，沟通的能力、分析问题的能力、自主学习的能力等体现了其通用性、可迁移性、普适性等特点，呈现出明显的功能主义、整体主义取向。

功能主义的关键能力观体现的是对劳动者一般素质的培养，一般素质也可以理解为关键能力或关键技能。这种能力观把一般素质理解成一种统一的能力，这种能力主要涵盖基本知识、基本技术、现场技术与知行技术等。换岗的流动性增强，要求劳动者具有迁移的能力，能适应不同的工作情景与工作环境，展现通用特征的能力。其摆脱了具体岗位的束缚，不针对某一任务或某一单元技能，它关注的是众多岗位所共有的一般性的素质和能力，能够较好地培养可以普适大多数职业或岗位的关键性能力。

但需要注意的是，关键能力观割裂了具体的工作岗位，脱离了具体的工作情景，以一般素质取代与岗位直接相关的职业能力，这显然不符合学习者对提升职业能力的需求。

三、建构主义的整合能力观

随着新科技革命的继续推进，尤其是计算机与信息技术的高度发展，社会产业结构再一次发生巨大变革，促使社会生产方式发生根本变化，功能主义的关键

① 徐朔.“关键能力”培养理念在德国的起源和发展[J].外国教育研究，2006(6)：66-69.

能力观已不再适应自动化、信息化、网络化、智能化高度发达的社会生产方式,对劳动者的一般素养和专业技能水平提出了更高要求:劳动者能够继续在不同岗位职业间进行流动,还能胜任某一项具体工作。这就需要培养劳动者的一般性科学文化素养,也需要培养劳动者从事特定工作的职业操作技能。

于是,在20世纪70年代以后,催生出满足此种需求的建构主义的整合能力观。整合能力观由美国能力本位教育与培训的倡导者盖力和波尔提出,在他们看来,能力是与职位和工作角色相联系的,是胜任一定工作角色所需的知识、技能、判断力、态度和价值观的整合。[①]由此可以看出,整合能力观关注与具体工作职位和职业角色的联系,不仅重视一般性素质,如判断力、态度、经验,而且强调与具体工作情景相联系的操作技能,如知识、技能。这种以建构主义理论为基础的整合能力成为沟通任务技能与关键能力的关键介质,成为与具体工作情景相关联的复杂素质结构。

在经济不断飞速发展的驱动下,从业者的素质要求不断提升。从业者不仅要具有一般性的科学文化素养,也要具备特定工作岗位的操作技能,即要求从业者拥有综合职业能力。整合能力观是对行为主义的任务技能观和功能主义的关键能力观的融合,力图克服这两种能力观的缺陷。建构主义理论下的整合能力观将能力带入具体的情境中,紧密地与工作角色相连。因此,整合的职业能力观汲取了前两种能力观内容上的优势,在具体的工作情景中为能力构建了一个立体的架构。如果没有一般性能力的获取,劳动者在岗位上就欠缺竞争力;若没有特定的岗位操作技能,劳动者就无法胜任技术含量较高的工作岗位。这种把职业活动中体现出的知识、技能和态度综合运用在具体情境中的能力观顺应当今时代的需求,有助于对学习者综合能力的培养,满足进行针对性的培训与开展专业性的教育的双重需求,适用于各级技术应用型人才的培养,符合我国当前继续教育培养学习者综合职业能力的现实要求。

---

① 陈鹏.职业能力观演变的历史逻辑及其理论述评:基于能力本位教育与培训发展的研究[J].中国职业技术教育,2010(6):54-57.

英国学者高夫·斯坦顿构建了整合能力模型①,较准确地表达了整合能力观的思想。(如图1-1所示)

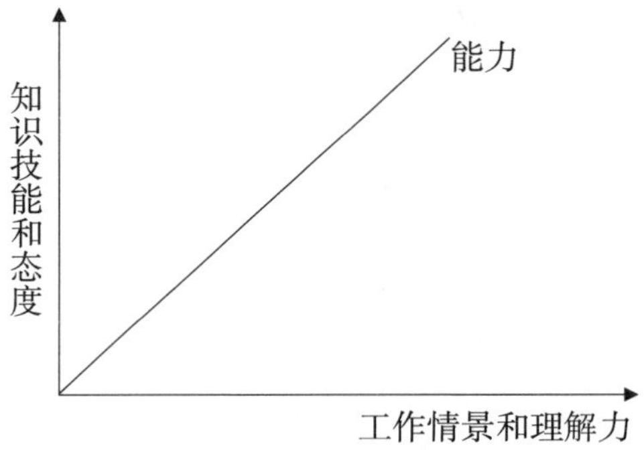

图1-1　整合能力模型

借用该模型,笔者认为,继续教育中的职业能力是职业角色者从事一定岗位所具备的个体能力结构,它由一般性的知识、技能和态度以及对具体情景的理解力等诸要素构成,并作为一个有机的整体综合地发挥作用。值得注意的是,在该能力结构中,任何一个孤立的能力要素都难以完成职业活动。倘若没有一般性的知识、技能和态度,难以灵活高效工作;如果缺少对工作情景的理解,即使掌握了一般性的知识和技能,也难以进行操作运用,更达不到对已有认知结构的改组重造。因此,建构主义的整合能力观更能满足学习者的发展和需求,更符合我国继续教育的培养目标的需要。

第二节　继续教育能力观的现实基础

继续教育以在职从业人员为主要教育对象,主要是为企事业单位进一步培养适应第一线生产和管理的高素质应用型、适用型专门人才,这种培养目标决定了继续教育必须突出学习者职业能力的培养。继续教育的本质,是提高人们适应社会、建设社会和服务社会的综合素质与能力,促进人的全面发展的终身教

① 石伟平.比较职业技术教育[M].上海:华东师范大学出版社,2001:301.

育。继续教育不仅仅是学历补偿教育,更是为真正满足脱离正规教育后的所有社会成员更新知识、拓展技能、提高素质的广泛需求。在人力资本的框架下,受经济利益驱动,继续教育的重点集中于与就业相关的、出于职业资格的更新和提升的目的。从继续教育的本质出发,无论是国家继续教育发展转型、社会发展的客观需求,还是学习者的主观需求,都决定了继续教育"能力本位"的增值性质量观。

一、国家继续教育的发展转型

"继续教育'正处于一个难得的机遇期',同时也处于'一个艰难的转型期'。"[①]新时期继续教育的内涵发生了深刻变革,继续教育功能从以学历补偿为主向职业导向转变;继续教育观念从强调理论知识学习向注重提高从业人员的综合素质,注重其职业能力,特别是岗位适应能力、岗位转移能力的开发和创新能力的培养转变;继续教育方式从以教师讲授为主向学习者自主学习为主转变;继续教育取向从重经济效益向重质量建设和内涵发展转变。

一方面,关注继续教育发展质量是培养高素质劳动者和专门人才队伍的迫切需要,对确保我国进入人力资源强国和人才强国具有重要的战略意义。我国劳动者队伍的文化素质、技能水平在总体上还比较低,专门人才的知识能力结构亟待优化,创新能力和水平亟待提高。[②]落实能力本位的继续教育,提高劳动者素质,适应经济社会的发展变化,满足科学技术对人才的需求,是继续教育责无旁贷的历史责任。

另一方面,重视学习者能力本位的继续教育是构建我国终身教育体系和学习型社会的关键。基于经济社会发展全局、国家教育战略高度,国家将继续教育作为完善终身教育体系、建设学习型社会的重点和突破口。继续教育是终身教育体系的重要组成部分,继续教育的质量在很大程度上影响着终身教育的质

---

① 张渤,姜涛,马燕.转观念促转型 发挥继续教育服务社会的功能[J].中国高等教育,2013(5):59-61.

② 王建.继续教育发展的战略转型与推进策略[J].教育研究,2013(9):95-101.

量。随着高校逐渐扩大向社会辐射教育资源的功能,高校继续教育由以学历教育为主转向以非学历教育为主,继续教育的“卖点”逐渐从使学习者获得学历文凭转向为提升学习者的就业能力。这就要求继续教育向高质量转型,以教育培训质量吸引社会学习者,满足学习者提升就业能力的需求,在推动建立终身学习体系、建设学习型社会的应然需要中发挥应有的作用。

为落实关于加快发展继续教育,建设全民学习、终身学习的学习型社会的要求,2012年2月,教育部发出了《关于加快发展继续教育的若干意见(征求意见稿)》,其中提到继续教育优质资源不足,共享程度偏低;教学内容、方法和手段需要进一步改革,质量保障体系有待健全,要求着力建立健全质量保障体系,创新人才培养模式,不断提高教育教学质量。党的十九大报告再次要求办好继续教育,从加快建设学习型社会,大力提高国民素质的高度,提出新时代继续教育发展的新要求。为学习贯彻习近平新时代中国特色社会主义思想和党的十九大精神,办好继续教育,进一步提升高等学校继续教育办学质量,2018年3月,《教育部办公厅关于开展高等学校继续教育发展年度报告工作的通知》出台。继续教育机构负有继续教育的职能,各继续教育机构只有建立和完善相应的体制机制,深化质量内涵建设,全面提高人才培养质量,接受社会监督、评价,才能满足新时代继续教育发展面临的更高要求。在教育部推动开展全国高校继续教育质量报告相关工作之际,各继续教育机构也逐步开展相关研究,对继续教育质量观进行价值定位,试图建立继续教育质量保障机制,着力提升继续教育质量水平,推进职业教育现代化,为建设教育强国、建设社会主义现代化国家提供坚实的人才保障。

二、社会发展的客观需求

加强学习者能力本位的继续教育是促进我国新时期经济、社会可持续发展,建设人力资源强国和创新型国家的客观需求。信息化时代、智能化时代的到来,劳动组织和分工方式等人才供给侧结构的变化,对职业人才的规格提出了新的需求。仅掌握固定知识和单一技能的操作工人已不能满足现代社会对人才的需求,社会发展呼吁培养具有创新能力、合作精神等系统行动能力、具备高素质的综合职业能力的职业人。

2010年,《国家中长期教育改革和发展规划纲要(2010—2020年)》指出:继续教育是终身学习体系的重要组成部分。制定教育质量国家标准,建立健全继续教育体制机制。坚持能力为重,强化能力培养,构建灵活开放的终身教育体系。这就要求普通高校继续教育深化综合改革,进一步提高继续教育办学水平、教育教学质量和服务能力,推进高校继续教育科学发展。2015年10月1日施行的《专业技术人员继续教育规定》提出:继续教育应当以经济社会发展和科技进步为导向,以能力建设为核心,突出针对性、实用性和前瞻性,坚持理论联系实际、按需施教、讲求实效、培养与使用相结合的原则。

我国正处于经济转型和产业结构升级的关键阶段,劳动力在产业、行业、职业岗位间的流动和转换将越来越频繁,这就要求继续教育向质量转型。“互联网+”时代为继续教育质量的进一步提升带来了机遇,满足了学习者碎片化的学习需求,为继续教育资源建设“短平快”的大众化、精品化在线课程提供了途径。把握时代机遇,我国需要进行互联网与教育产业的加速融合,适应新时期继续教育的发展。帕特丽夏·威奈尔特认为,人力资本的综合表现就是职业能力,社会发展的客观需求决定了继续教育“能力本位”的增值性质量观。增值性的质量值是在一个教育过程开始时的“初始学生质量”与教育过程结束时的“当前学生质量”之间的差值,即学生质量的增值。只有立足实际,注重实际职业能力的培养和考查,继续教育才能使千千万万的在职劳动者迅速提升能力,才能更好地满足社会发展的客观需求。从目前我国国情和现有生产力水平来看,国家大量需要的正是生产第一线的应用型、实用型人才。鲜明的职业岗位针对性是继续教育的重要特征之一,而在原有基础上提升实际职业能力的任务需要继续教育承担。

各行各业对专业化发展的要求越来越高，随着大规模培训计划的实施，学习者能力本位的继续教育将成为一种新的发展趋势，这将对高校继续教育传统的管理模式、课程设置提出新的挑战。继续教育“能力本位”的增值性质量观的内涵要求课程教学必须紧扣专业培养目标和课程教学目标进行教学设计，选择典型工作任务，以项目化教学来训练学生的职业特定能力，并同时将学生的通用能力、核心能力、职业道德、职业素养等融入工作任务中，通过“教、学、做”一体化教学模式，培养学生的综合能力，所以继续教育的考核方式也必须围绕学习者的职业能力培养而制定。突出“能力本位”的增值性质量观，继续教育必须从过去以传授知识为主转到以培养能力为主，把应用技术解决实际问题的能力放到能力培养的主要位置上，注重提高学习者的综合素质、岗位适应能力和职业发展能力，体现职业特点。从过去按照“学科—知识—专业标准—课程标准”构建专业标准和课程体系，转到按照“岗位—能力—专业标准—课程标准”构建专业标准和课程体系。

三、学习者的主观需求

发展学习者能力本位的继续教育是广大社会成员不断丰富和更新知识、提高能力、促进自身持续发展的迫切需要。我国正处于知识经济时代，社会经济结构快速调整，传统产业逐渐转型，高新技术产业迅速崛起，不断加速的技术进步使得劳动者已有的职业知识技能急剧老化，导致劳动者在工作中难以适应新的工作需求，各行各业的劳动者难以进行正常流动，各行各业的劳动者都面临更新知识技术、获取新的工作能力的压力。仅仅拥有在单一工作范围内的专业技术难以胜任现代单位组织下的职业工作，现代职业能力观要求劳动者不仅需要具备专业范围内的职业能力，也亟须掌握专业范围外的各项相关能力，尤其是具备工作中不可预见的各种变化的能力。

于是,能力本位的继续教育成为有效提高劳动者素质和知识技能水平、促进高层次人才成长的重要途径。第六次全国人口普查表明:学校教育年限不足人们平均预期寿命(74.83岁)的1/3,职业发展和自我完善的各种需求必须依赖学校教育之后的继续教育来完成。因此,能力本位的继续教育成为学习者得以进行专业化发展、终身学习的重要载体,能不断提高学习者从事现有工作的能力,培养学习者适应未来工作的能力。

我国劳动者队伍的文化素质、技能水平总体上偏低,亟须通过能力本位的继续教育进行补偿性学习。2010年,在我国从业人员中,接受过高中及以上教育者仅占18.3%,远低于发达国家69%的平均水平;接受过初中及以下教育者高达80%左右。在我国农业劳动者中,文盲和具有小学文化程度者占50%左右,具有初中文化程度者占43%以上,具有高中文化程度者占4.8%,具有大专及以上文化程度者仅占0.2%。在我国9800万技术工人队伍中,技师和高级技师仅占4.3%,高级技工占18.3%,而初、中级技工高达78%。在我国3900多万专业技术人员中,具有副高级职称及以上者只占5.7%。[①]由此不难发现,我国专门人才的知识能力结构亟待优化,创新能力和应对经济全球化等能力亟待提高。

学习者的主观需求决定了继续教育"能力本位"质量观。学习者大多是在职从业人员,他们有一定的工作经验,其自我发展主要是职业发展,继续学习的目的大多是为长效支持职业发展,因而从学习者的角度来看,继续教育最大的增值点在职业能力的增值。继续教育质量应该致力于满足学习者的愿望和需求,而衡量继续教育质量的标准应该是价值增值。学习者可以根据自己的工作特点和专业特性参加不同规格、不同层次的继续教育学习。学习者求学的目的不仅仅是获取一纸文凭,能够学以致用、学有所得、学用结合、知识更新、掌握技术以及提升职业能力才是学习者的真正目的,而为学习者提供立足岗位的技术技能培训服务是继续教育肩负的使命。学习者社会的职业性、心理的成熟性、时间上的

---

① 参见中国劳动统计年鉴[M].北京:中国统计出版社,2010.

业余性及知识上的实用性均要求继续教育合理利用线上线下资源，致力于提升学习者的职业能力。在经济不断飞速发展的驱动下，社会对劳动者的素质要求也在不断提高，劳动者需要在具体的工作情景中构建一个立体的能力架构，在获取一般性能力的同时，还需要具有特定岗位的专业知识、操作技能、职业态度以及对具体情景的理解力等整合能力。

继续教育“能力本位”的增值性质量观从学习者的能力水平和学习需求出发，以学习者为中心，以职业能力提升为价值增值点衡量质量高低。学习者进入继续教育学习之前和接受继续教育之后，其职业能力提升越大，价值增值就越大，意味着继续教育效果就越好，教学质量愈高。继续教育依存于学习者，应当调查、识别并理解学习者的学习需求和期望，满足学习者的要求并争取超越其期望，确保继续教育的目标与企业以及学习者的期望相结合。因此，继续教育“能力本位”的增值性质量观的内在驱动是学习者的自我发展。

第三节　继续教育能力观的实践基础

国外继续教育的一系列先进理念和发展经验，以及我国具有本国特色、符合本国国情的继续教育实践经验，为进一步增强我国继续教育质量、提高劳动者素质、变人力资源大国为人力资源强国、构建学习者能力本位的继续教育标准提供了学习和借鉴的范本。

一、国外继续教育发展的实践经验

发达国家在推进高质量继续教育方面已取得举世瞩目的成就，探寻国外继续教育能力观发展的规律、经验，可为我国发展学习者能力本位的继续教育提供有益参考。

英国被誉为“继续教育王国”,是最早为继续教育立法的国家,并将继续教育作为开发人力资源的前沿阵地。英国政府教育与技能部公布了《继续教育——提高技能并改善生活机会》的白皮书,其旨在改变年轻人的生活,并面向未来提升技能。英国的继续教育是基于工作的培训,该白皮书把加强受雇者的就业能力作为继续教育的核心使命之一,特别强调让更多的年轻人在20多岁初期就能接受培训,以获得许多好工作所需要的关键性技术资格证书、副专业性资格证书。①

法国的继续教育一直以来处于世界领先水平,在继续教育中尤其重视产业结构变化对人才需求的变化。法国政府与职业教育组织、企业、工会合作,在学校内开展企业系列教育,形成学校企业联合体,使得培训内容与实际工作需求相符合,1/4的培训时间用于培养学生的实践能力,这一举措很好地将职业需求与学校理论有机地结合起来,培养的学生受到社会广泛认可。②

德国的继续教育坚持以人为本的终身学习理念,以职业行动能力为导向,注重培养学习者的关键能力,即专业能力、方法能力、社会能力、个性能力,并将培养以关键能力为核心的职业行动能力写入德国培训条例中。③德国成立了专门的继续教育学院。它是由国家举办的官方继续教育机构,不仅提供自然科学、数学、人文科学的教育培训,而且提供与市民生活紧密相关的园艺、绘画、烹饪、旅游等科目的进修班与讲座④,旨在培养学习者的关键能力,提高学习者的综合素质。德国政府对成人非学历教育建立了完善的绩效评价制度,制定了详细的教育教学年度成就评估方案,并建立了配套的责任测评体系,科学调控继续教育质量。⑤

美国大学在面向社会开展继续教育与培训上有着较长的历史和丰富的经验。麻省理工学院的职业高级培训招录是促进学习者在领导能力、实务能力和

① 李兴洲,卢海红.继续教育的国际经验[J].北京师范大学学报(社会科学版),2010(1):21-28.

② 任舒泽.法国继续教育的特色及其借鉴意义[J].法国研究,2009(2):77-81.

③ 徐朔.“关键能力”培养理念在德国的起源和发展[J].外国教育研究,2006(6):66-69.

④ 潘玉萍.德国继续教育的经验及对我国的启示[J].继续教育研究,2011(1):149-151.

⑤ 冯婕.德国成人非学历继续教育发展借鉴及反思[J].继续教育研究,2016(11):105-107.

创新能力上获得提高的一种继续职业教育培训，遵循理论联系实际，强调实用技能的培养，试图使学习者能够学以致用，将培训所得转化为对实际工作有用的技能，同时通过继续教育使得个体能够更好地适应职场工作的转换，并在培训中注重培养学习者能够进行终身学习的能力。[①]哈佛大学的继续教育项目分层次、分学科，旨在培养教育者的实务能力，充分满足了社会在职人士的需求。以哈佛教育学研究生院的继续教育为例，其培训目的在于促进学员的个体发展、解决实务工作和学员所在机构的发展，专门设立三种职业培训项目：向大中小学教育领导提供的职业发展项目、向教育机构和政府部门的职业人士提供的长期能力提升项目、将教育培训与研究相结合的研究型项目。[②]

综上，英国主要持资格本位的职业能力观。英国的职业能力观是从职业本身出发，并不是直接指向岗位能力，是通过职业资格这一中介实现教育与工作的对接。法国主要持知识本位的职业能力观。法国试图让学习者通过学科知识的学习获得相关的职业能力，学习者毕业后可以获得就业导向的学历文凭和学衔。德国主要持以人为本的职业能力观。美国主要持人格本位的职业能力观。职业教育就是带着职业倾向、充满着真正“自由”内容的教育，既包括训练职业技术，又包括开启民众之智慧；既使学习者能更加富有成效地工作，又使他们能够领会到职业的社会意义；既使他们掌握熟练的技能，又使他们加强自身的修养。

从横向比较中看，各国的职业能力内涵虽然具有显著差异，但是都逃不出知识、技能、品质或态度这些关键要素。从纵向比较中看，职业能力所涉及的要素开始增多，包括知识维度、技能维度、态度维度等，且从行为表现性的维度拓展到潜能的维度，从职业岗位本身扩展为职业群体，甚至生活领域的相关能力。

---

① 李建斌. 美国四所著名高校教育培训调研报告（一） 美国名校继续教育现状研究：麻省理工学院[J]. 继续教育，2008（8）：60-63.

② 李建斌. 美国四所著名高校教育培训调研报告（二） 美国名校继续教育现状研究：哈佛大学[J]. 继续教育，2008(9)：56-60.

二、国内继续教育发展的实践经验

尽管我国的继续教育仍处于初级发展水平,但我国的继续教育在促进国民经济社会发展、提升劳动者专业水平等方面发挥了其他教育不可比拟的作用。我国的继续教育经历多年的摸索实践,有了长足发展,积累了一定的经验,已取得不少成果。

我国的继续教育从社会发展和学习者的需求出发,大力发展各种类型的继续教育,尤其重点推进以提高职业适应能力和创新能力为主的继续教育,以提高劳动者和各类专门人才的素质为目标,切实提高继续教育的质量和我国人力资源开发水平①。分层分类地培养学习者的职业能力,通过大幅度提高各类继续教育的参与率,提升在职人员的岗位适应能力,对新知识、新技术、新工艺的学习和创新能力的培养坚持四个重点:一是以培养高素质的技能人才为重点,大力加强企业劳动者培训,使得企业在岗劳动者的全员培训率达到65%,使每一位新就业的劳动者能接受必要的职业培训,使所有技能岗位劳动者能持证上岗;二是以提高劳动者的素质和培养农村实用人才为重点,加强农村从业人员和农村转移劳动力培训,把农业实用技术的培训率提高到30%;三是以提高岗位适应能力和创新能力为重点,增强社会各个领域专门人才(党政干部、专业技术人员、经营管理人员)的继续教育,每年超过1/3的专门人员可以接受继续教育,面向重点行业领域和优秀专门人才,实施国家创新人才继续教育工程;四是以弱势群体的就业为导向,为其提供免费的职业培训。

积极改革继续教育的培养模式,坚持以社会和学习者的需求为导向,以提高学习者的适应能力、创新能力为核心,增强继续教育内容、方法和培养模式的针对性、多样性和灵活性。面向社会成员,尤其是在职人员、转岗再就业人员,开发贴近社会发展、满足其实际需求的专业课程,探索适合在职人员的学习方法,建

---

① 第六战略专题调研组.继续教育发展战略研究[J].教育研究,2010(7):31-38.

立有效的学习效果评估反馈机制，为在职人员提供多样化、可选择的高质量继续教育，注重提高从业人员的综合素质，促进在职人员职业能力的提升，尤其是岗位适应能力、岗位转移能力和创新能力。

我国继续教育的实施主体是高等学校和职业院校，依托高等学校自身优势，研发出多样化、系列化、有特色的精品继续教育项目和课程，树立高等学校继续教育特色化、品牌化发展之路，将制度化、标准化、规范化融入继续教育的各环节，帮助学习者更新、补充知识，拓宽视野，改善知识结构，获得职业技能，提高综合能力，以适应经济社会转型升级及科技发展的需要，促进不同层次、不同需求的学习者适应本职工作。清华大学是我国最早开展继续教育的高校之一，清华大学继续教育学院成为我国继续教育的领跑者。清华大学继续教育从2001年开始四个方面的转型：一是继续教育的职能从学历补偿转变为提升人的能力和素质；二是继续教育的对象从未来的潜在人才转变为职场中的人才；三是办学模式从不断完善一套已有的教学大纲和课程转变为以市场为导向、以需求为导向设计教育内容；四是办学思路从以专业教师为核心转变为以学员为核心、以相关方（为培训支付费用的组织）为核心。①同济大学采取多项措施着力提高继续教育的办学质量，以培养应用型、复合型和创新型人才为目标，坚持以提高办学质量为核心、以加强内涵建设为重点，建立以提高学生应用能力、综合素质为导向的教育质量标准和教学质量评价体系，不断提高继续教育办学质量。北京大学继续教育通过深入研究各类人才素质能力标准，构建素养、知识、能力为一体的继续教育人才培养目标。②一是改革继续教育人才培养模式，坚持以社会和学习者的需求为导向，以提高学习者的适应能力和创新能力为核心，加强继续教育内容、方法和人才培养模式的针对性、多样性和灵活性。二是加强办学与社会需求的紧密结合，加强实践环节与教学环节的紧密结合。适应培训需求多样化的特

① 刁庆军.高校继续教育的定位与创新发展[J].在线学习，2017(11)：67.
② 侯建军.北京大学继续教育发展战略思考[J].继续教育，2010(10)：3-5.

点，遵循“按需施教”“学用一致”和多层次、多渠道、多形式的原则改进培训方式，积极探索开展具有针对性、双向性、长期性和实效性的个性化培训。三是在培训形式上做到多样性，开展以学校为主体、联合办学、委托培养等多种形式的培训，提供集中培训、网络培训以及二者有机结合等多种教学形式，以专题研究、短期培训为主开展教学，重点推行“菜单式”选课、“模块式”组课；教学方法上采用课堂讲授、网络教学、实地调查、研究讨论、情景模拟、案例剖析、模块教学等，提高继续教育的质量和水平。

我国积极发展学习型社区、学习型组织和学习型城市，以职业导向提高技能水平和以丰富精神生活提高生活质量为目的，着眼于大力提高国民素质，努力办好具有中国特色的继续教育，解决好中国教育现代化的“最后一公里”和中国特色社会主义教育体系的“最后一部分”，让人民享有更好更公平的教育；充分发挥出我国继续教育在促进每个社区成员的全面发展，整体提高劳动者素质和人力资源水平，推动全民终身学习和建设学习型城市方面的巨大作用，推动实现人人皆学、处处能学、时时可学。

继续教育要求与职业发展密切结合，我国的继续教育逐渐从偏重于知识传授向注重提高从业人员的综合素质，注重其对工作的责任感和敬业精神、专业能力、岗位适应能力、岗位转移能力以及创新能力的培养转变。[①]继续教育的培养培训以提升学习者的职业能力为导向，更加注重学习者在真实的工作情景中整体化地解决综合性专业问题的能力。

从我国教育发展来看，一直以来采取的是开展学科课程培养学生的职业能力的做法，偏重知识本位的职业能力观。随着我国继续教育的改革和发展，开始逐渐注重“工作过程”，突出工作岗位实际技能的地位，开始关注工作情景中表现出的综合能力。但是，目前的改革在职业能力内涵的复杂、多元维度中只关注到部分维度，对默会的维度、情感态度的维度等关注还远远不够。因此，有必要把

① 郝克明，季明明．五年来继续教育发展的成就与启示[N]．中国教育报，2015-12-14.

握我国职业能力内涵,使之符合职业能力发展的共同规律。我国继续教育要进一步科学发展,需要更加丰富对职业能力的理解,从更复杂的关系中认识职业能力,不仅仅局限于单一的知识或者操作层面,应从更多元的维度理解职业能力的内涵,为继续教育专业标准的构建提供扎实的理论基础。

三、西南大学继续教育的实践经验

西南大学已有60余年的继续教育历史,西南大学网络与继续教育学院立足重庆,面向西南,服务全国,坚持为地方经济建设和社会发展服务。主要承担成人高等教育、自考助学、现代远程教育,面向在职从业人员提供岗位培训、职业技能培养,特成立农业、教育干部培训中心,教师教育与专业技术人员培训中心,负责专门的培训质量监控。西南大学充分发挥了高等学校在继续教育人才培养中的作用。2012年,西南大学网络与继续教育学院经教育部批准成为“教育部‘国培计划’远程培训国家资质机构”,在多个省(市)开展“国培计划”远程培训项目;同时开展了教育培训、农业培训、信息化培训及其他综合培训等短期集中培训,共计培训学员32万余人次。作为全国最早开展继续教育的高校之一,西南大学正确理解高校的四大功能(人才培养、科学研究、服务社会、文化传承),将继续教育纳入总体发展规划,发挥学校办学优势,突出教育特色,高度重视发展继续教育,关照学习者能力本位,以高层次专业发展培训为重点,以提高专业从业者的能力为核心,打造高端继续教育品牌,充分发挥继续教育联系社会、服务行业的桥梁和纽带作用。

西南大学网络与继续教育学院立足于增值性质量观,提出“基于学习者能力提升为导向的继续教育专业标准研究”,重点提升学习者的职业整合能力。为此,从以下四个方面进行突破:一是以学习者的需求为导向,培养其综合应用能力。西南大学网络与继续教育学院在充分调研的基础上,主动适应国家战略和经济社会发展需要,坚持终身学习理念,以满足学习者学习发展需求为导向,以学习者职业能力提升为重点,遵循高等教育规律和职业人才成长规律,整体优化课程体系,主动适应社会对学习者的实际需求,全面服务于学习者的发展,对学习者的培养突出应用性和针对性,以培养具有较高综合素养、适应职业发展需要、具有创新意识的应用型人才。二是以立德树人为根本任务,提升学习者的职业能力。西南大学网络与继续教育学院作为承担西南片区继续教育的主阵地,坚持把立德树人作为教育的根本任务,明确“两翼齐飞,职业导向,融合发展,协同共生,坚持主导”的转型发展思路,将学历网络教育由社会服务转向人才培养,由规模发展转向内涵发展,由学历补偿转向职业能力提升,由单一线上学习转向混合式教学,面向行业企业,服务地方经济社会发展,争创具有鲜明特色的国内一流的网络与继续教育机构,努力为构建现代国民教育体系和学习型社会发挥积极作用。三是改革培训内容,提升学习者的专业技术水平和综合素质能力。西南大学从理念文化、专业知识、胜任能力等方面为学习者提供系统培养,从学科专业研究前沿、发展趋势、应用技术等方面提供专题讲座,并为参训学员提供参观实习、交流研讨、结业答辩等,使得学习者不断进行知识更新和技能创新,较好地适应了不断变化的社会需求,取得了较好的培训效果,极大地提高了学习者的专业技术水平和综合素质能力。四是优化课程体系,促进学习者的职业发展。西南大学依据教育部对继续教育的相关规定,充分运用现代信息技术,根据现代产业体系建设、行业企业发展需要和学习者需求,优化项目和课程体系设计,加强优质课程和资源建设,为学习者提供方便、灵活、个性化的学习条件,注重教学内容的实用性、时效性和先进性,开展灵活多样的非学历继续教育,增强非学历继续教育的实效性。培训内容与时俱进,贴近实际,根据学习者需求“量身定制”,真正实现学有所获、学而能用,结合成人学习特点,重点提升学习者的素质修养、领导力、职业技能,针对学习者的就业导向及职业发展规划等方面精选师资进行“模块化”教学。[①]

---

① 刘杰,倪思亮.高校学历继续教育转型升级探索[J].中国成人教育,2018(7):126-127.

历经60余载发展变革，西南大学继续教育早已形成多类别、多学科、多形式、多层次、多专业的办学格局，成为我国继续教育领域特色鲜明的一极。首先，在发展布局上，注重差异化和特色化。为解决重庆市中小学法治教育师资力量匮乏、教材建设滞后、保障机制不完善等问题，西南大学网络与继续教育学院深入开展中小学法治教育微课程资源建设，建设重庆市中小学法治教育门户、法治教育“三中心”“两库一平台”，实现重庆市城乡中小学法治教育“四化”全覆盖，为提高重庆市中小学法治教育水平贡献力量。其次，在改革创新上，通过教育改革引领继续教育转型，以培训者为中心践行教育使命。为建立适应重庆市民终身学习的“立交桥”，打造区域学分银行系统，建设以终身教育学分认定、累积和转换为主要功能的学习成果认证管理中心和学习成果转换服务平台；为满足教师多样化的学习需求，开展教师培训课程众筹研究，促进教师培训资源供给侧改革。最后，坚持规范、质量、服务、创变的核心发展理念。将规范办学行为、提高人才培养质量放在第一位，以服务创质量，以创变求发展，采取四大发展战略：第一，以需求为导向，推动继续教育从满足学历需求向职业能力提升需求转型；第二，促进学历教育与非学历教育共同发展、网络教育与传统继续教育共同发展；第三，融合发展，推动现代信息技术与教育的全面深度融合，以学分银行为抓手促进各类继续教育形式的融合；第四，坚守办学主权、业务引领和标准化管理。① 通过深化继续教育质量内涵建设，全面提高人才培养质量。

① 盛雪云.西南大学网络与继续教育学院：以教育改革引领继教转型[J].在线学习，2017(8)：49-51.

第四节　基于学习者能力提升的继续教育标准体系

继续教育专业标准(模板)

(以下虚线内部分为专业标准制定的要求与说明,非标准正文)

一、标准的核心理念

继续教育专业标准旨在以学习者职业能力提升为导向,创新继续教育人才培养机制,深化继续教育各专业教学改革,规划继续教育人才培养标准,以期提升继续教育教师教学水平,切实提高继续教育人才培养质量。

二、标准的研制过程

在制定继续教育专业标准时,应基于学习者职业能力的发展,以各专业为设计单元,按照功能分析法的五个步骤——岗位调研和总体需求分析、职业与能力分析、确定专业人才的培养目标、制定专业的人才培养方案、评价与完善专业标准方案来进行。

三、标准的构建原则

(一)目标导向——目标制导

继续教育专业标准的制定以目标为导向,一切行为均体现出明显的目标导向,围绕目标设定课程,围绕目标开展教学,围绕目标进行评估。

(二)能力导向——能力为尺

继续教育专业标准的制定是以学习者的能力提升为导向,其目标也是使学习者发展其职业能力。

(三)需求导向——面向社会和学习者发展需求

继续教育专业标准的制定是为了满足市场和学习者的发展需求,促进学习者的职业能力发展,为社会提供更优秀的人力资源。

(四)持续改进——追求更好

社会是不断发展的,学习者的需求也是不断提升和变化的,继续教育培养目标也会随着发生变化,因此,继续教育专业标准不是固化的,是一个不断完善的过程。

(以下灰块部分为固定文本,非灰块部分为需要以本专业内容替代的文本)

一、专业概述

(虚线内部分为说明和例证)

专业概述应明确说明该专业的内涵、专业在继续教育中的地位、人才培养方向、专业的职业发展功能、人才培养特色、专业培训项目等方面的内容。(300—500字为宜)

例如:

教育学专业是以教育科学为共同知识基础,以培养具有较高理论素养和实践能力的教育专业人才为目标的专业。教育学专业在我国继续教育以及国家建设和社会发展中占有重要地位,承担着为行政部门、各级各类学习、文化教育机构等培养所需的教育管理、教学研究、文化传播、教育创意等专业人才的任务。教育学专业的学习对各级各类教育工作人员的教学实践和专业素养的提升具有重要的指导意义,是教育工作者专业发展的基点。

西南大学网络与继续教育学院承担着中小学教师培训的重要任务,组织骨干教师素养提升培训、教研员专业能力提升培训等,在教育学专业的教学中兼具理论与实践,为各级各类教育工作者的继续教育提供了广阔平台。

二、培养目标

(虚线内部分为说明和例证)

专业培养目标应符合西南大学网络与继续教育学院的办学定位,充分体现国家、社会及学生的要求与期望。各专业根据自身办学定位,西南大学结合网络与继续教育学院的基础和特色,明确人才培养方向,科学、合理地确定各专业具体的培养目标。专业培养目标要包含专业所需的综合素质、核心知识、核心能力以及专业素养。具体而言,需要在操作标准的层面上对培养目标进行描述,培养目标的描述应由一个主动动词、一个动作对象以及行动条件构成。

例如:

继续教育教育学专业在学生原有工作经验基础上,进一步培养他们的职业理想、奉献精神,使之具有较高文化和专业素养,能够把握教育教学和学生身心发展规律,掌握扎实的教育学、心理学和临近交叉学科的基础知识以及教学实践技能,具有自主学习和终身学习的意识和能力,能在各级各类中小学、幼儿园、教育行政部门及科研机构等从事教学、科研、管理、咨询和辅导方面的工作。

三、培养规格

(一)学习年限

__________________专业的基本学习年限为2.5—6年。

(二)毕业条件与授予学位

毕业后符合条件者(一般是在校表现良好、论文等级在良好及以上、所有科目平均分在70分及以上、补考累计少于4门、通过学位英语考试)可以申请______学位。

(三)人才培养要求

(虚线内部分为说明和例证)

1.知识方面

(1)……

(2)……

(3)……

(4)……

……

知识方面包括工具性知识、专业知识和其他相关领域知识。对于知识类别的培养目标,依据不同水平制定,较低水平的可以用"了解""熟悉""描述""列举"等,较高水平的可以用"解释""比较"等。

例如:

(1)能较为全面地掌握与本学科相关的教育学、心理学、信息科学与技术等基础知识。

(2)能较为系统地掌握从事教育技术工作所需要的基础理论、实践能力。

2.能力方面

(1)……

(2)……

(3)……

(4)……

……

能力方面包括获取专业知识的能力、实践应用专业的能力、创新专业的能力和其他能力。对于能力类别的培养目标,根据不同水平制定,较低水平的可以用"熟练""熟悉""掌握"等,较高水平的可以用"熟练地掌握""熟悉地操作""合乎规范地操作"等。

例如:

(1)具有对数字化学习环境进行设计、开发、应用、管理和评价的能力。

(2)具有对数字化学习过程进行设计、实施和评价的能力。

3. 态度方面

(1)……

(2)……

(3)……

(4)……

……

态度方面包括专业素质、职业道德等。对于态度类别的培养目标,较低水平的可以用“想要”“初步感受”等,较高水平的可以用“乐于”“高度认同”等。

例如:

(1)恪守职业道德,具有一定的信息素养、科学素养、人文素养和求实创新意识。

(2)具有良好的组织管理、交流沟通、团队合作能力。

四、课程体系

(一)总体框架

(虚线内部分为说明和例证)

课程体系主要包括公共基础课程、专业课程、实践教学课程和创新创业课程。

公共基础课程由公共基础必修课程和公共基础选修课程组成。公共基础必修课程包括大学英语、计算机应用基础、毛泽东思想和中国特色社会主义理论体系概论等。公共基础选修课程由学校统一开设。

专业课程包括专业必修课和专业选修课程。

实践教学课程包括毕业论文、实习等。

创新创业课程是指学生发表的科研论文经专家论证后可以代替专业选修课程学分，学生获得的职业资格证书经专家论证后可以免考相应专业类课程，学生在其他教育机构学习获得的课程学分经专家论证后可以冲抵相应课程学分，学生创业实绩经专家论证后可以代替实践教学课程学分。

各专业可选择一些反映学科前沿、学科特色和学校特色的知识单元开设选修科目，并推动教师将国际前沿学术发展、最新研究成果和实践经验融入课堂教学。

各专业可根据专业培养目标开设相应的专业课程，课程结构应涵盖专业知识体系的主要知识单元、知识点。

（二）课程设置

参照西南大学网络与继续教育学院各专业课程教学计划表。

1. 公共基础课程

（1）……

（2）……

……

2. 专业课程

（1）……

（2）……

……

3. 实践教学课程

（1）……

（2）……

……

4.创新创业课程

(1)……

(2)……

……

五、教学规范(各科标准制定要求)

(一)教学计划

教学计划是学校保证教学质量和人才培养规格的重要文件,是组织教学过程、安排教学任务的基本依据,应保持相应稳定,并适时修订。执行过程中如需变动,应遵循规范的论证和审批手续。

(二)教学大纲

教学大纲是实施教学和考核的依据。列入教学计划的各门课程或实践教学环节,应在开课前制定科学合理的教学大纲。教学大纲一般应包括课程性质与简介、先修课程、教学时数、各章节知识要点、教材、参考书、教学方法、教学手段、教学进度安排和考核方式等。教学大纲一经确定必须严格执行。

(三)教材选用

高度重视教材建设,建立完善的教材选用制度。专业基础课程、专业必修课程要优先选用优秀教材。

(四)教学模式

提倡教学模式多样化,鼓励启发式、互动式、讨论式和案例式教学,激发学生学习兴趣,增强学生自主学习能力,注重培养学生的批判性思维。充分利用计算机辅助教学、多媒体教学等现代教育技术手段,提高课堂教学效果。

（五）实践教学

实践教学是课堂教学的延伸，是教学活动的重要组成部分。各专业应利用专业实习基地，有组织地开展实践教学活动，巩固课堂教学效果，强化学生创新创业社会实践及相关课题调研。

（六）成绩考核

成绩考核是教学的一个重要环节，应根据课程特点选择恰当的方式考查学生对知识点的掌握和运用能力。成绩考核由平时考核和期末考核组成，平时考核形式包括课堂讨论、小作业和测验等。

六、专业师资

（一）教师规模和结构

专业教师的数量和结构应满足本专业的需求。专业课程应至少配备____名及以上专任教师。原则上，每门核心课程至少配备1—2名专任教师。结构上，年龄结构、知识结构和学缘结构合理，学缘相同的教师比例原则上不高于50%。

（二）专业背景和水平

师资队伍应具有良好的专业教育背景、合理的知识结构，能够满足专业教育发展的要求。专业教师一般应具有3年及以上本学科专业教育或研究背景，实践性强的课程的专业教师应具有实务工作背景或实务经验。

七、教学条件

（一）教学设施

学校应为各专业提供数量充足、功能完善的教学设施。配备充足的多媒体教室、专业实验室、教学实践基地、教学科研仪器设备，促进线上线下教学平台共享。

(二)信息资源

学校应为各专业提供数量充足、种类齐全的纸质和电子图书资源,配置满足教学需要的电子资源数据库以及检索工具,为师生提供便捷的信息资源服务。

西南大学网络与继续教育学院提供各专业人才培养方案,各课程的教学大纲、教学要求、考核要求、毕业审核要求等基本教学信息。各专业向学生推进教材和必要的教学参考资料,鼓励教师使用高水平教材。

学校应为各专业构建网络在线学习平台,课程板块包含课程简介、学习内容、主题讨论、课程答疑、共享笔记、课程统计、课程通知。网络在线学习平台不仅开放知识点视频课程,加强实时交互答疑、课程学习在线辅导等,而且对学习方法进行指导、对毕业论文进行辅导。在此基础上,加强网络平台的督学功能,定期通报学生在线学习情况,跟踪督促学生的日常远程学习。

(三)教学经费

教学经费专指在专业教学各个环节发生的资源建设费用、教学运行费用与教学评估费用等。教学经费的使用应向教学一线倾斜,不得用于非教学用途。教学经费的投入应较好地满足专业人才培养需求,并随着教育事业经费的增长而稳定增长。

八、质量管理

(一)管理目标

各专业以学习者职业能力提升为目标,以专业标准为基础,建立以培养目标、培养规格、课程体系、教学规范、专业师资、教学条件、教学过程、教学改革与研究、教学效果等为核心的质量管理目标体系,增加以质量监控为目标的毕业生质量跟踪机制,社会和用人单位等的评价与反馈机制。各专业围绕质量管理目标要求,制定质量管理实施规范,建立教学管理制度、督导制度、评教制度、评学制度,建立信息反馈机制和调控改进机制,开展经常化和制度化的检查、监督和指导,对主要教学环节的教学质量实施全方位有效监控,进行质量评估,确保对专业教学质量形成全过程的有效监控。

（二）质量规范

各专业应以专业标准为基础,建立覆盖专业标准上所有内容的、科学合理的质量评估指标体系,作为评估专业教育质量的基本依据。

各专业建设实时的教学质量状态数据库,围绕质量目标要求,开展经常化和制度化的质量评估,确保对教学质量形成有效监控,保障教学质量的持续提高和专业人才培养目标的充分实现。对专业教学的投入质量、过程质量和产出质量进行管理。投入质量保障主要包含基础设施建设、师资培养培训和各种支持服务等。过程质量保障主要指技术的标准,即元标准,例如不断制定新的教学标准或课程标准,建立教学质量的诊断与改进机制。产出质量保障主要是对学生学习有效性的监测,通过对学生满意度、教师满意度和单位及公司的满意度的调查,建立质量评估机制,对产出质量进行监控。根据对质量监控的评估和分析,针对人才培养过程中存在的问题,及时采取纠正与预防措施,并进行持续改进,保证教学质量的持续提高和专业人才培养目标的充分实现,实现继续教育的“职业效度”。

第二部分　理工科继续教育标准(举要)

继续教育土木工程专业标准

培养层次:专升本

专业代码:081001

一、专业概述

土木工程是指为新建、改建或扩建各类工程的建筑物、构筑物和相关配套设施等所进行的勘察、规划、设计、施工、安装和维护等各项技术工作及其完成的工程实体。土木工程专业旨在培养适应社会主义建设和社会发展需求,具有生态环境保护和可持续发展理念,从事房屋建筑、道路桥梁、地下建筑等设计、施工组织、工程监理、工程项目规划、项目管理、建设项目投资分析与控制、工程造价的确定与控制,建设工程招投标等应用型工程技术人才。

西南大学土木工程专业起源于20世纪80年代的“农业建筑工程”专科专业和20世纪90年代的“农业建筑环境与能源工程”本科专业。1992年开始招收“建筑工程”专科生,2003年开始招收“土木工程”本科生。经过多年的建设,西南大学土木工程专业不仅具有一支职称和学缘结构合理的师资队伍,还有“土木与建筑环境工程”“农业水土工程”等的硕士点和博士点作为支撑。

土木工程专业按建筑工程、道桥工程、工程管理、工程造价等方向进行人才培养,按大类学科招生,大类基础课程和必修课程学习结束后,学生根据自愿选择的专业方向进行专业选修课程学习。1992年开办继续教育，秉承“以学习者职业能力提升为导向，以满足学习者学习发展需求为重点”的继续教育人才培养理念，在开放普适性广、应用型特点突出、教学资源丰富、服务国家建设等方面赢得了良好声誉。

二、培养目标

继续教育土木工程专业在学生原有工作经验基础上，进一步培养他们从事土木工程建设事业的职业理想和奉献精神，适应社会主义现代化建设需要。能从事房屋建筑、道路桥梁、地下建筑等设计、施工组织、工程监理、工程项目规划、项目管理、建设项目投资分析与控制、工程造价的确定与控制，建设工程招投标等工作。能够适应现代土木工程技术发展，了解与土木工程专业方向有关的标准、规范、法规；能够跟踪土木工程及相关领域的前沿技术，具备创新能力；能够将新技术成果应用于工程实践，并运用现代技术从事与本专业领域相关工程的设计、项目开发和运营管理工作。具备社会责任感，理解并坚守职业道德规范，综合考虑法律、环境与可持续性发展等因素的影响，在工程实践中能保障公众利益和承担社会责任；具备健康的身心和良好的人文素养，了解工程管理的基本原理与经济决策方法；具备一定的协调、管理、沟通、竞争与合作能力；具备自主的、终身的学习习惯和能力，实现能力和技术水平的提升，成为适应社会发展和国家建设需要的应用型土木工程技术和管理人才。

三、培养规格

（一）学习年限

土木工程专业的基本学习年限为2.5年，最长学习年限为6年。

(二)毕业条件与授予学位

(1)毕业条件:学生在规定的学习年限内修完专业教学计划规定的全部课程,取得所学专业规定的总学分,毕业鉴定合格。

(2)授予学位:获得毕业证书,通过学位英语考试,且学习期间表现良好、论文等级在良好及以上、所有科目平均分在70分及以上、补考课程累计少于4门者,可申请工学学士学位。

(三)人才培养要求

1.思想方面

培养坚决拥护中国共产党的领导,热爱祖国,具有对社会、人类的高度责任感,具有正确的世界观、人生观、价值观,具有良好的学风、高尚的社会公德和健康的心理素质,德智体美劳全面发展的社会主义建设者和接班人。

2.知识方面

(1)具有基本的人文社会科学知识,熟悉哲学、政治学、经济学、社会学、法学等方面的基本知识。

(2)掌握自然科学、基础力学的基本原理和分析方法,掌握工程材料的基本性能和分析方法,掌握工程测绘、工程制图的基本原理和方法,掌握工程结构及构件的受力性能分析和设计计算原理。

(3)了解工程经济、项目管理的基本理论,掌握土木工程施工的一般技术和过程及组织和管理、技术经济分析的基本方法,熟悉相关软件应用技术。

(4)掌握土木工程现代施工技术、工程检测和试验基本方法,了解本专业的有关法规、规范与规程。

(5)了解土木工程行业发展的主要趋势和前景。

3. 能力方面

(1)具有综合应用各种手段查询资料、获取信息、拓展知识领域、继续学习的能力。

(2)具有运用语言、图表和计算机技术等进行工程表达和交流的基本能力。

(3)至少掌握一门计算机高级编程语言,并能运用其解决一般工程问题;具有计算机、常规工程测试仪器的运用能力。

(4)具有综合运用知识进行工程设计、施工和管理的能力;具有初步的科学研究或技术研究、应用开发等创新能力。

(5)能运用一门外语进行交流的能力。

4. 态度方面

(1)具有科学的世界观和正确的人生观,愿为国家富强、民族振兴服务。

(2)具有良好的职业道德和敬业精神,坚持原则,能勇于承担技术责任,不断学习、获取新知识;具有推广新技术的进取精神。

(3)具有良好的心理和身体素质,能乐观面对挑战和挫折。

(4)注重土木工程对社会和环境的影响,并能在工程实践中自觉维护生态文明与社会和谐。

四、课程体系

(一)课程分类结构

课程体系包括公共基础课程、专业课程、实践教学课程和创新创业课程四大类课程。

公共基础课程包括公共基础必修课程和公共基础选修课程。公共基础必修课程包括大学英语、计算机应用基础、毛泽东思想和中国特色社会主义理论体系概论等。公共基础选修课程由学校统一开设,学生选修4学分。

专业课程包括专业必修课程和专业选修课程。

实践教学课程包括毕业论文、实习等。

创新创业课程包括学生发表的科研论文、获得的职业资格证书、创业等。

(二)课程学分结构

土木工程专业学生毕业须修满80学分及以上,学分构造情况见表2-1。

表2-1　土木工程专业课程学分结构表

<table>
<tr><th colspan="2">课程类别</th><th>学分</th><th>比例</th><th>备注</th></tr>
<tr><td rowspan="2">公共基础课程</td><td>公共基础必修课程</td><td>12</td><td>15%</td><td>包括大学英语、计算机应用基础、毛泽东思想和中国特色社会主义理论体系概论等</td></tr>
<tr><td>公共基础选修课程</td><td>4</td><td>5%</td><td>实行全校通选,学生至少选修人文社科类公共基础选修课程2学分,选修与本专业重复或相近的公共基础选修课程,不计入公共基础选修课程学分</td></tr>
<tr><td rowspan="2">专业课程</td><td>专业必修课程</td><td>42</td><td>52.5%</td><td></td></tr>
<tr><td>专业选修课程</td><td>15</td><td>18.75%</td><td>模块限选9学分+任选至少6学分</td></tr>
<tr><td colspan="2">实践教学课程</td><td>7</td><td>8.75%</td><td>由社会实践和毕业论文(设计)两部分组成</td></tr>
<tr><td colspan="2">创新创业课程</td><td></td><td></td><td>发表的科研论文经专家论证后可以代替专业选修课程学分,获得的职业资格证书经专家论证后可以免考相应专业类课程,创业实绩经专家论证后可以代替实践教学课程学分</td></tr>
<tr><td colspan="2">合计</td><td>80</td><td>100%</td><td></td></tr>
</table>

五、教学规范

(一)教学计划

教学计划是学校保证教学质量和人才培养规格的重要文件,是组织教学过程、安排教学任务的基本依据,应保持相应稳定,并适时修订。执行过程中如需变动,应遵循规范的论证和审批手续。

表2-2　土木工程专业课程教学计划表

课程类别	课程名称	学分	课程时数	自学时数	建议开课学期	考核形式	备注
公共基础必修课程	大学英语(B)	4	72	120	1	统考	
	毛泽东思想和中国特色社会主义理论体系概论	4	72	120	1	网考	
	计算机应用基础	4	72	120	1	统考	
公共基础选修课程	通识课1	2	36	60	1	论文	选修4学分
	通识课2	2	36	60	1	论文	
专业必修课程	建筑力学	4	72	120	2	笔试	
	结构力学	4	72	120	2	笔试	
	土木工程材料	3	54	90	2	笔试	
	钢结构基本原理	4	72	120	2	网考	
	房屋建筑学	3	54	90	2	网考	
	土力学	4	72	120	2	网考	
	工程项目管理	4	72	120	3	网考	
	混凝土结构基本原理及砌体结构	4	72	120	3	网考	
	土木工程施工技术	3	54	90	3	网考	
	工程经济	3	54	90	3	网考	
	工程测量	3	54	90	3	网考	
	基础工程	3	54	90	3	网考	
专业选修课程	工程抗震	3	54	90	4	网考	建筑工程模块限选课9学分
	单层厂房	3	54	90	4	网考	
	高层建筑结构设计	3	54	90	4	网考	
	路基路面工程	3	54	90	4	网考	道路桥梁模块限选课9学分
	桥梁工程	3	54	90	4	网考	
	桥梁检测	3	54	90	4	网考	

续表

课程类别	课程名称	学分	课程时数	自学时数	建议开课学期	考核形式	备注
专业选修课程	工程建设监理	3	54	90	4	网考	工程管理模块限选课9学分
	建筑工程招投标与合同管理	3	54	90	4	网考	
	建筑工程项目风险管理	3	54	90	4	网考	
	工程造价软件与工程造价信息管理	3	54	90	4	网考	工程造价模块限选课9学分
	建筑工程造价管理	3	54	90	4	网考	
	工程造价案例分析	3	54	90	4	网考	
	建筑设备	2	36	60	4	网考	任选至少6学分
	土木工程概预算	2	36	60	4	网考	
	工程地质	2	36	60	4	网考	
	工程数学	2	36	60	4	网考	
	建设工程项目融资	2	36	60	4	网考	
	管理学原理	2	36	60	4	网考	
	建筑结构CAD	2	36	60	4	网考	
	建筑电气	2	36	60	4	网考	
	建筑经济与企业管理	2	36	60	4	网考	
	安装工程估价	2	36	60	4	网考	
	建设工程项目审计	2	36	60	4	网考	
	建筑工程量清单计价	2	36	60	4	网考	
	工程造价及招投标	2	36	60	4	网考	
	水力学	2	36	60	4	网考	
	建设工程成本规划与控制	2	36	60	4	网考	
	工程量软件与实务	2	36	60	4	网考	
	建设法规	2	36	60	4	网考	
实践教学课程	社会实践	1			5	实作	
	毕业论文(设计)	6			5	实作	

续表

课程类别	课程名称	学分	课程时数	自学时数	建议开课学期	考核形式	备注
创新创业课程	发表的科研论文经专家论证后可以代替专业选修课程学分，获得的职业资格证书经专家论证后可以免考相应专业类课程，创业实绩经专家论证后可以代替实践教学课程学分						
说明	1. 选修课程选课说明：学生根据自身需要，选择其中一个模块的3门限选课程和任选课程中的至少3门课程。 2. 学生在其他教育机构学习获得的课程学分经专家论证后可以转化为相应课程学分						

（二）教学大纲

教学大纲是实施教学和考核的依据。列入教学计划的各门课程或实践教学环节，应在开课前制定科学合理的教学大纲。教学大纲一般应包括课程性质与简介、先修课程、教学时数、各章节知识要点、教材、参考书、教学方法、教学手段、教学进度安排和考核方式等。教学大纲一经确定必须严格执行。

（三）教材选用

高度重视教材建设，建立完善的教材选用制度。思想政治理论课程、“马工程”课程按国家规定选用教材，其他课程要选用优秀的继续教育教材。

（四）教学模式

提倡信息化主导下的“线上与线下、课堂与实训、学校教师与行业专家相结合”的混合式多元化教学模式。鼓励启发式、互动式、讨论式和案例式教学，激发学生学习兴趣，增强学生自主学习能力，注重培养学生的批判性思维，提高继续教育教学效果。

(五)实践教学

社会实践环节:继续教育土木工程专业要求学生进行社会实践和实习,社会实践包括人文社会科学课程中的社会调查和专业教育中的专业调查;实习宜在具体土木工程建设项目上完成,时间不少于半年。通过实习,主要是培养学生将所学知识灵活运用到具体建设工程中的能力,深化所学的知识,培养工程设计与施工的能力,以及实验技能和科学研究的初步能力。实习结束后撰写实习总结报告。

毕业论文(设计)环节:要求学生能够设计(开发)满足土木工程特定需求的体系、结构、构件(节点)或者施工方案,并在设计环节中考虑社会、健康、安全、法律、文化以及环境等因素。在提出复杂工程问题的解决方案时具有创新意识。能够基于科学原理、采用科学方法对土木工程专业的复杂工程问题进行研究,包括设计实验、收集、处理、分析与解释数据,通过信息综合得到合理有效的结论并应用于工程实践。

(六)成绩考核

公共选修课程的考核方式主要采用形成性考核评价,课程成绩由网上学习和作业(测验)组成,其余课程采用课程形成性考核评价和课程终结性考核评价相结合的课程考核评价方式。课程期末考核方式分为网考、笔试、实作等几类。课程成绩一般由作业、网上学习、期末成绩等三部分组成。

六、师资队伍

(一)教师规模和结构

土木工程专业有专任教师32人,具有博士学位的专任教师占40%,硕士及以上学位的专任教师占90%以上,各门专业课程教师的数量、年龄结构和学缘结构合理。本专业拥有5人及以上专业素质较高的专职实验技术人员,有10人及以上的教师持有土木工程相关执业资格证书。

(二)专业背景和水平

除专业基础课程,其他专业课程任课教师都具有土木工程专业(本科)的学科背景或在土木工程领域从事技术指导、项目管理等经历。专业课程任课教师一般具有硕士、博士学位,专业核心课程授课教师一般具有高级职称。

七、教学条件

(一)教学设施

学校为各专业提供数量充足、功能完善的教学设施;实现线上线下教学平台共享。

(二)信息资源

学校为各专业搭建了网络在线学习平台,课程板块包含课程简介、学习内容、主题讨论、课程答疑、共享笔记、课程统计、课程通知。网络在线学习平台将开放知识点视频课程,加强实时交互答疑、课程学习在线辅导等,对学习方法进行指导,对毕业论文进行辅导。在此基础上,加强网络平台的督学功能,定期通报学生在线学习情况,跟踪督促学生日常远程学习,学生也可以通过平台实时查询自己的学习情况。

学校为各专业提供了数量充足、种类齐全的纸质和电子图书资源,配置满足教学需要的电子资源数据库以及检索工具、向学生推荐教材和必要的教学参考资料,为师生提供便捷的信息资源服务。

(三)教学经费

教学经费专指在专业教学各个环节发生的资源建设费用、教学运行费用与教学评估费用等。教学经费的投入应较好满足专业人才培养需求,并随教育事业经费的增长而稳定投入。教学经费不得用于非教学用途。

八、质量管理

(一)管理目标

本专业以学习者职业能力提升为目标,建立以培养目标、培养规格、课程体系、教学规范、专业师资、教学条件、教学过程、教学改革与研究、教学效果等为核心的质量管理目标体系,增加以质量监控为目标的毕业生质量跟踪机制,社会、用人单位等的评价与反馈机制。围绕质量管理目标要求,制定质量管理实施规范,建立教学管理制度、督导制度、评教制度、评学制度,建立信息反馈机制和调控改进机制,开展经常化和制度化的检查、监督和指导,对主要教学环节的教学质量实施全方位的监控与评估,确保对专业教学质量形成全过程的有效监控。

(二)质量规范

本专业以专业标准为基础,建立科学合理的质量评估指标体系,作为评估专业教育质量的基本依据。

本专业建设实时的教学质量状态数据库,围绕质量目标要求,开展经常化和制度化的质量评估,确保对教学质量形成有效监控,保障教学质量的持续提升和专业人才培养目标的充分实现。对专业教学的投入质量、过程质量和产出质量进行管理,其中投入质量保障主要包含基础设施建设、师资培养培训和各种支持服务等。过程质量保障主要指技术标准,不断制定新的教学标准或课程标准,建立教学质量的诊断与改进机制。产出质量保障主要是对学生学习有效性的监测,通过对学生满意度、教师满意度和单位及公司满意度的调查,建立质量评估机制,对产出质量进行监控。根据对质量监控的评估和分析,针对人才培养过程中存在的问题,及时采取纠正与预防措施,并进行持续改进,保证教学质量的不断提高和专业人才培养目标的实现,确保继续教育的“职业效度”。

继续教育电气工程及其自动化专业标准

培养层次:专升本

专业代码:080601

一、专业概述

电气工程及其自动化专业涉及电网技术、电力电子技术、计算机技术、电机电器技术信息与网络控制技术、机电一体化技术等诸多领域,是一门综合性较强的学科。其主要特点是强弱电相结合、软硬件相结合、电工技术与电子技术相结合、元件与系统相结合。其根本任务是使学生获得电工电子、电力系统运行与控制、电气自动化控制及计算机应用技术等领域的基本技能。

西南大学工程技术学院电气工程及其自动化专业依托西南大学智能传动和控制技术国家地方联合工程实验室、重庆市农业技术创新方法工程技术中心和重庆市高等学校实验教学示范中心,是"重庆市高等学校现代农业机电工程特色学科专业群"和"重庆市本科高校大数据智能化类特色专业建设项目"建设专业点,具有"强弱电相结合、多学科相结合"的专业办学特点,坚持"求知与创新相结合、理论与实践相结合"的应用型人才培养模式。在电气工程及其自动化专业继续教育层面,坚持"以网络授课为主,仿真与虚拟实验为辅,理论与实践相结合"的办学思路,凭借良好的教学质量获得了学生、用人单位及社会各界的认可。

二、培养目标

本专业毕业生将系统掌握电路与电子技术、自动控制原理、电力系统分析等专业基础知识;具有电气装备的设计制造、运行控制、试验分析、研制开发、生产管理的基本能力;具备电力系统、电气装备、建筑电气领域的系统设计、运行控制、研制开发、试验分析的基本技能;成为满足我国新时期社会主义现代化建设需要的，富有创新精神和实践能力的，能够从事与电气工程有关的系统设计、运行控制、信息处理、研制开发、经济管理以及电子计算机应用等相关领域工作的应用型工程技术人才。

三、培养规格

(一)学习年限

电气工程及其自动化专业的基本学习年限为3年，最长学习年限为6年。

(二)毕业条件与授予学位

(1)毕业条件：学生在规定的学习年限内修完专业教学计划规定的全部课程，取得所学专业规定的总学分，毕业鉴定合格，可准予毕业。

(2)授予学位：在校期间表现良好，且所有科目平均分达70分及以上，补考累计少于4门，通过学位英语考试，毕业论文评定良好及以上，同时满足以上条件者，可申请工学学士学位。

(三)人才培养要求

1.思想方面

培养坚决拥护中国共产党的领导，热爱祖国，具有对社会、人类的高度责任感，具有正确的世界观、人生观、价值观，具有良好的学风、高尚的社会公德和健康的心理素质，德智体美劳全面发展的社会主义建设者和接班人。

2.知识方面

本专业学生主要学习电路基础、电子技术、控制理论、信号与信息处理技术、计算机技术、人文社会科学等方面的基本理论和基本知识。

(1)掌握数学、物理、计算机等“工程工具”知识，并具有一定的英语阅读能力和初步的英语交流能力。

(2)掌握电路理论、模拟/数字电子技术、电力电子技术、自动控制原理、信号与系统等专业基本理论和基础知识。

(3)掌握电机、电力系统、高电压等电气工程领域的专业知识。

(4)具有较熟练的计算机应用能力,掌握文献检索、资料分类汇总等基本操作方法。

(5)了解电气工程领域的前沿知识与发展趋势。

(6)了解一定的自然科学、人文社会科学及创新创业等方面的知识或信息。

3.能力方面

(1)掌握解决电气工程领域复杂问题所需的自然科学基础知识;掌握电气工程及其自动化专业基础理论,并能够用于解决复杂工程问题。

(2)能够针对具体的电气工程问题选择合适的数学模型,并达到适当的正确性和可用性要求。

(3)能够根据电气工程复杂问题需求确定设计目标和解决方案,同时考虑社会、健康、安全、法律、文化以及环境等因素。

(4)能够运用数学、自然科学以及工程科学的原理,采用科学方法,通过建模、推演等方式对与电气工程相关的各类物理现象、材料特性进行研究和实验验证。

(5)能够选择与使用恰当的技术、资源、现代工程工具和信息技术工具。

(6)掌握正确的学习方法,具备自主学习能力,能够通过学习不断提高、适应工程技术的发展。

4.态度方面

(1)热爱祖国,具有正确的世界观、人生观,较高的人文社会科学素养、社会责任感。

(2)能够理解工程和技术的价值与人类伦理准则、工程师社会责任,并理解应承担的责任;恪守职业道德,遵守科学伦理。

(3)能够与团队其他成员有效沟通与交流,听取并综合团队其他成员的意见与建议,承担个体、团队成员以及负责人的角色。

(4)能够在实际工程环境中对电气工程项目实施有效的管理与决策。

四、课程体系

(一)课程分类结构

课程体系包括公共基础课程、专业课程、实践教学课程和创新创业课程四大类课程。

公共基础课程包括公共基础必修课程和公共基础选修课程。公共基础必修课程包括大学英语、计算机应用基础、毛泽东思想和中国特色社会主义理论体系概论等。公共基础选修课程由学校统一开设,学生选修4学分。

专业课程包括专业必修课程和专业选修课程。

实践教学课程包括毕业论文、实习等。

创新创业课程包括学生发表的科研论文、获得的职业资格证书、创业等。

(二)课程学分结构

本专业学生毕业须修满80学分及以上,学分构造情况见表2-3。

表2-3　电气工程及其自动化专业课程学分结构表

课程类别		学分	比例	备注
公共基础课程	公共基础必修课程	12	15%	包括大学英语(二)、大学英语(B)、计算机应用基础、毛泽东思想和中国特色社会主义理论体系概论
	公共基础选修课程	4	5%	学校统一开设

续表

课程类别		学分	比例	备注
专业课程	专业必修课程	45	56.25%	包括信号与系统、单片机原理与接口技术、数字信号处理、电力电子技术、自动控制原理、传感器与测试技术、高电压技术、电气设备检测技术、电力系统继电保护、工厂供电等
	专业选修课程	12	15%	包括电气测量技术、可编程控制器、电力经济与电力市场、过电压与接地、微特电机与应用、智能控制、计算机控制技术、智能电网与微网、楼宇自动化、过程控制等
实践教学课程		7	8.75%	包括社会实践和毕业论文(设计)
创新创业课程				发表的科研论文经专家论证后可以代替专业选修课程学分,获得的职业资格证书经专家论证后可以免考相应专业类课程,创业实绩经专家论证后可以代替实践教学课程学分
合计		80	100%	

五、教学规范

(一)教学计划

教学计划是学校保证教学质量和人才培养规格的重要文件,是组织教学过程、安排教学任务的基本依据,应保持相应稳定,并适时修订。执行过程中如需变动,应遵循规范的论证和审批手续。

表2-4　电气工程及其自动化专业课程教学计划表

课程类别	课程名称	学分	自学时数	网络课程时数	辅导时数	建议开课学期	考核形式	备注
公共基础必修课程	大学英语(B)、大学英语(二)	4	120	72	20	1	网考	
	计算机应用基础	4	120	72	20	1	网考	
	毛泽东思想和中国特色社会主义理论体系概论	4	120	72	20	1	网考	
公共基础选修课程	通识课1	2	60	36	20	1	论文	选修4学分
	通识课2	2	60	36	20	1	论文	
	通识课3	2	60	36	20	1	论文	
专业必修课程	信号与系统	4	120	72	20	1	网考	面试
	电磁场与电磁波	4	120	72	20	1	网考	
	单片机原理与接口技术	4	120	72	20	2	网考	
	数字信号处理	4	120	72	20	2	网考	面授
	电力电子技术	4	120	72	20	2	网考	面授
	自动控制原理	3	90	54	20	2	网考	面授
	传感器与测试技术	4	120	72	20	2	网考	面试
	高电压技术	3	90	54	20	3	网考	
	电气设备检测技术	4	120	72	20	3	笔试	
	电力系统继电保护	4	120	72	20	3	网考	
	工厂供电	4	120	72	20	3	网考	
	专业英语	3	90	54	20	3	网考	
专业选修课程	电气测量技术	4	120	72	20	4	网考	选修12学分
	可编程控制器	4	120	72	20	4	网考	
	高电压技术	4	120	72	20	4	网考	
	电力经济与电力市场	4	120	72	20	4	网考	
	过电压与接地	4	120	72	20	5	网考	
	微特电机与应用	4	120	72	20	5	网考	
	智能控制	4	120	72	20	5	网考	
	计算机控制技术	4	120	72	20	5	网考	
	智能电网与微网	4	120	72	20	6	网考	

续表

课程类别	课程名称	学分	自学时数	网络课程时数	辅导时数	建议开课学期	考核形式	备注
专业选修课程	楼宇自动化	4	120	72	20	6	网考	选修12学分
	过程控制	4	120	72	20	6	网考	
实践教学课程	社会实践	1		18		6	实作	
	毕业论文(设计)	6		108	20	6	实作	
创新创业课程	发表的科研论文经专家论证后可以代替专业选修课程学分，获得的职业资格证书经专家论证后可以免考相应专业类课程，创业实绩经专家论证后可以代替实践教学课程学分							
说明	1.课程时数按每学分18学时计算；自学时数按每学分30学时计算。 2.公共通选课程由网络与继续教育学院统一提供，每门课程按2学分设置，专升本学生选修4学分							

（二）教学大纲

教学大纲是实施教学和考核的依据。列入教学计划的各门课程或实践教学环节，应在开课前制定科学合理的教学大纲。教学大纲一般应包括课程性质与简介、先修课程、教学时数、各章节知识要点、教材、参考书、教学方法、教学手段、教学进度安排和考核方式等。教学大纲一经确定必须严格执行。

（三）教材选用

高度重视教材建设，建立完善的教材选用制度。思想政治理论课程、“马工程”课程按国家规定选用教材，其他课程要选用优秀的继续教育教材。

（四）教学模式

提倡信息化主导下的“线上与线下、课堂与实训、学校教师与行业专家相结合”的混合式多元化教学模式。鼓励启发式、互动式、讨论式和案例式教学，激发学生学习兴趣，增强学生自主学习能力，注重培养学生的批判性思维，提高继续教育教学效果。

(五)实践教学

继续教育电气工程及其自动化专业要求学生进行社会实习实践,具体实习实践事宜在电网公司、电力企业或电子工厂等电力相关行业企业内完成。在各工种实习实践时间不少于一周。主要学习电力生产一线的加工、设计、运行维护、控制等技术,提高专业技能与沟通能力。实习实践结束后学生应提交实习实践报告。

(六)成绩考核

电气工程及其自动化专业课程考核方式为网上考试、笔试、实作、大作业、论文等。学生成绩主要由平时考核与期末考核组成,平时考核包括作业、网络问答、小测验;期末考核采用网上考试、笔试、大作业、论文等方式。

六、师资队伍

(一)教师规模和结构

电气工程及其自动化专业配备专任教师30人,其中教授4人,副教授10人,具有博士学位的专任教师的比例在80%以上,超过1/3的教师具备海外访学经历,各门专业课程的教师数量和梯队合理。

(二)专业背景和水平

电气工程及其自动化专业任课教师均具备电气类相关学科背景,多数教师具有多年本科教学经验,具备工程项目研究背景,能够胜任专业课程的教学任务。

七、教学条件

(一)教学设施

学校为各专业提供数量充足、功能完善的教学设施;实现线上线下教学平台共享。

（二）信息资源

学校为各专业搭建网络在线学习平台，课程板块包含课程简介、学习内容、主题讨论、课程答疑、共享笔记、课程统计、课程通知。网络在线学习平台将开放知识点视频课程，加强实时交互答疑，课程学习在线辅导等，并对学习方法进行指导，对毕业论文进行辅导。在此基础上，加强网络平台的督学功能，定期通报学生在线学习情况，跟踪督促学生日常远程学习，学生也可以通过平台实时查询自己的学习情况。

学校为各专业提供数量充足、种类齐全的纸质和电子图书资源，配置满足教学需要的电子资源数据库以及检索工具，向学生推荐教材和必要的教学参考资料，为师生提供便捷的信息资源服务。

（三）教学经费

教学经费专指在专业教学各个环节发生的资源建设费用、教学运行费用与教学评估费用等。教学经费的投入应较好满足专业人才培养需求，并随教育事业经费的增长而稳定投入。教学经费不得用于非教学用途。

八、质量管理

（一）管理目标

本专业以学习者职业能力提升为目标，建立以培养目标、培养规格、课程体系、教学规范、专业师资、教学条件、教学过程、教学改革与研究、教学效果等为核心的质量管理目标体系，增加以质量监控为目标的毕业生质量跟踪机制，社会、用人单位等的评价与反馈机制。围绕质量管理目标要求，制定质量管理实施规范，建立教学管理制度、督导制度、评教制度、评学制度，建立信息反馈机制和调控改进机制，开展经常化和制度化的检查、监督和指导，对主要教学环节的教学质量实施全方位的监控与评估，确保对专业教学质量形成全过程的有效监控。

(二)质量规范

本专业以专业标准为基础,建立科学合理的质量评估指标体系,作为评估专业教育质量的基本依据。

本专业建设实时的教学质量状态数据库,围绕质量目标要求,开展经常化和制度化的质量评估,确保对教学质量形成有效监控,保障教学质量的持续提升和专业人才培养目标的充分实现。对专业教学的投入质量、过程质量和产出质量进行管理,其中投入质量保障主要包含基础设施建设、师资培养培训和各种支持服务等。过程质量保障主要指技术标准,不断制定新的教学标准或课程标准,建立教学质量的诊断与改进机制。产出质量保障主要是对学生学习有效性的监测,通过对学生满意度、教师满意度和单位及公司满意度的调查,建立质量评估机制,对产出质量进行监控。根据对质量监控的评估和分析,针对人才培养过程中存在的问题,及时采取纠正与预防措施,并进行持续改进,保证教学质量的不断提高和专业人才培养目标的实现,确保继续教育的“职业效度”。

继续教育会计学专业标准

培养层次:专升本

专业代码:120203K

一、专业概述

西南大学1988年设立会计学方向,1989年设置审计学本科专业,1993年设置会计学本科专业,1996年合并为会计学专业。本专业具有较深厚的历史积淀和丰富的办学经验。秉承“特立西南、学行天下”的大学精神和“基于综合,立于专业,归于个性”的人才培养理念,形成了优势突出的人才培养体系。西南大学会计学本科专业以工商管理一级学科和应用经济学一级学科作为支撑学科，具有极强的专业特色：一是突出专业胜任能力培养，主要是会计职业判断能力、编制和分析财务报告以提供决策支持的能力；二是突出实践能力培养，注重会计学方法与技巧的训练，培养学生对专业知识与技能的应用能力；三是突出素质教育，培养学生的计算机运用能力和定量分析能力，提高学生综合素质。会计学专业2010年获批重庆市高等教育特色专业，会计学教学团队获批2011年重庆市高等教育优秀教学团队。会计学教学团队的专业优势是与重庆注册会计师协会等机构和企业合作办学。

本专业培养德才兼备、熟悉新会计制度，具有坚实的会计理论基础、掌握现代会计操作技能，能从事各行各业高层次的会计、审计、经济管理工作，以及会计科研和教学工作的高级专门人才。

二、培养目标

培养目标：培养具有强烈社会责任感、深厚人文底蕴、扎实专业知识、宽广国际视野，富有创新精神和实践能力的高素质人才。培养适应社会主义市场经济建设需要，具备人文素质、科学精神和诚信品质，掌握会计、管理、经济、法律和计算机应用的知识和能力，具有实践能力和沟通技巧，能够在工商企业、金融企业、中介机构、政府机构、事业单位及其他相关部门胜任会计及相关工作的应用型、复合型、外向型和创新型专门人才。

目标1：扎实的专业知识与技能。能够融会贯通所掌握的管理学原理、会计统计及法律基础知识，运用数理、计量等分析工具，理解、适应并解析预测宏观经济形势变化，具有较强的行业实践经验，为决策提供参考意见。

目标2：管理型人才。能够适应社会主义市场经济不断发展的需要，掌握专业的基础理论、基本方法和管理工具，了解与会计实践相关的职业伦理和专业素质要求，能够科学地分析管理实践问题以及开展管理活动，并在所在岗位出色地完成计划、组织、领导等工作。

目标3:强烈的社会责任感。具备良好的道德情操、价值观与世界观、法制与伦理意识、社会责任感以及公共意识,能够提供符合经济社会发展要求的会计信息。

目标4:具备健康的身心和良好的人文素养。具备良好的综合素养,有深厚的文化积淀、健康的心理与生理。

目标5:宽广的国际视野。具备宽广的国际视野和厚重的本土情怀,在会计实践乃至终身的学习工作中,既能放眼国际以博采众长,又能扎根本土将本土实业或理论发扬光大,成为能立足中国实践并具有国际视野的专门人才。

三、培养规格

(一)学习年限

会计学专业的基本学习年限为2.5年,最长学习年限为6年。

学制:会计学专业的基本学制为2.5年。

(二)毕业条件与授予学位

(1)毕业条件:学生在规定的学习年限内修完专业教学计划规定的全部课程,取得所学专业规定的总学分,毕业鉴定合格,可准予毕业。

(2)授予学位:在校期间表现良好,且所有科目平均分达70分及以上,补考累计少于4门,通过学位英语考试,毕业论文评定良好及以上,同时满足以上条件者,可申请管理学士学位。

(三)人才培养要求

1.思想方面

培养坚决拥护中国共产党的领导,热爱祖国,具有对社会、人类的高度责任感，具有正确的世界观、人生观、价值观，具有良好的学风、高尚的社会公德和健康的心理素质，德智体美劳全面发展的社会主义建设者和接班人。

2.知识方面

会计学专业学生经过专业培养和训练，在知识方面应达到如下具体要求：

(1)具备良好的思想道德、哲学、政治学、社会学、法学、历史、心理学、文学、艺术等人文社会科学基本知识。

(2)掌握扎实的数学、统计等自然科学和工程技术方面的基本知识。

(3)掌握会计学专业的基础知识，包括经济学、管理学、行为科学，以及与本专业有关的法律法规、职业道德等。

(4)掌握会计学领域的理论知识，包括宏微观经济学、企业管理、会计学、金融学、运筹学、市场营销、财务管理、应用统计分析、会计核算等。

(5)掌握会计学专业所需的专业知识和基本技术，包括财务会计的基本理论与方法、特殊业务处理的原则与方法、管理会计的基本理论与方法、成本核算的基本原理与方法、审计的基本流程与方法、银行及非营利组织核算和管理的基本方法、现行税制体系的各税种的基本规定与处理方法、会计制度设计的基本原理和方法、会计电算化与会计信息系统的设计分析与实施方法等。

(6)掌握满足会计学专业所需的工具性知识和实践技能，包括外语、程序设计语言的基本操作技能、手工会计核算的操作技能、会计核算软件的操作技能、会计报表的分析技能等。

3.能力方面

会计学专业学生经过专业培养，在能力方面应达到如下具体要求：

(1)分析能力：具备学术智力和专业学习能力，养成良好的思维习惯。

(2)职业能力：具备综合运用经济管理知识与技术的能力，形成良好的专业素养。

(3)领导能力：具备与人相处的能力，具有成为各种组织不同层次的领导者的基础。

(4)沟通能力:具备良好的沟通能力,表达能力、倾听能力和设计能力均得到发展。

(5)计划能力:具备合理配置资源的能力。

(6)决策能力:形成专业型管理人才必备的科学决策的关键能力,在复杂的企业环境中能够灵活应变、果断决策。

(7)创新能力:能够在学习、实践中不断总结经验,追求进步,不断创新思路和工作方法。

4. 态度方面

会计学专业学生经过专业培养,在态度方面应达到如下具体要求:

(1)热爱祖国、热爱人民、热爱中国共产党。

(2)遵纪守法、求真务实、善于思考。

(3)含弘光大、继往开来,具有国际视野。

四、课程体系

(一)课程分类结构

课程体系包括通识教育课程、学科基础课程、专业发展课程、综合实践课程、个性化选修课程、创新创业课程。

通识教育课程包括必修课程和选修课程。必修课程包括大学英语、计算机应用基础、毛泽东思想和中国特色社会主义理论体系概论等。选修课程由学校统一开设,学生选修6学分。

学科基础课程为必修课程,占36学分,与学校其他经管类本科专业基本相似,但增加了经济法和市场营销学(作为选修课程)。

专业发展课程包括必修课程和选修课程,其中必修课程包括会计学原理、税法、管理会计、财务管理、中级财务会计、银行会计、成本会计、非营利组织会计、高级财务会计等。

综合实践课程包括专业实习、学年论文、毕业论文(设计、作品)、社会实践四个部分。具体要求为专业实习采取学院安排和学生自主联系相结合,社会实践由学生处和专业教师指导,成立社会实践小分队。

个性化选修课程:学生可跨专业全校选修,作为通识教育选修课程或专业发展选修课程学分。

创新创业课程由科研、技能、实践、创业四个部分构成,包括学生发表的科研论文、获得的职业资格证书、创业等。科研学分可替代专业发展选修课程学分,技能学分、实践学分可替代通识教育选修课程学分。创业学分可替代专业发展必修课程学分和专业发展选修课程学分。具体的认定和替换按学校相应规定执行。

(二)课程学分结构

本专业学生毕业须修满120学分及以上,学分构造情况见表2-5。

表2-5　会计学专业课程学分结构表

课程类别		学分	比例	备注
通识教育课程	必修课程	14	11.11%	包括大学英语、计算机应用基础、毛泽东思想和中国特色社会主义理论体系概论等
	选修课程	6	4.76%	学校统一开设
学科基础课程	必修课程	27	21.43%	与本校其他经管类本科专业基本类似,但增加了经济法和市场营销学(作为选修课)

续表

<table>
<tr><th colspan="2">课程类别</th><th>学分</th><th>比例</th><th>备注</th></tr>
<tr><td rowspan="2">专业发展课程</td><td>必修课程</td><td>23</td><td>18.25%</td><td rowspan="2">专业发展课程不设学期,有创新班的专业在选修课程中设置拔尖人才培养课程模块,包括会计学原理、税法、管理会计、财务管理、中级财务会计、银行会计、成本会计、非营利组织会计、高级财务会计等</td></tr>
<tr><td>选修课程</td><td>26</td><td>20.63%</td></tr>
<tr><td rowspan="4">综合实践课程</td><td>专业实习</td><td>9</td><td rowspan="4">19.84%</td><td rowspan="4">专业实习采取学院安排和学生自主联系相结合。社会实践由学生处和专业教师指导,成立社会实践小分队</td></tr>
<tr><td>学年论文</td><td>5</td></tr>
<tr><td>毕业论文(设计、作品)</td><td>6</td></tr>
<tr><td>社会实践</td><td>5</td></tr>
<tr><td colspan="2">个性化选修课程</td><td>1</td><td>0.79%</td><td>跨专业全校选修,作为通识教育选修课程或专业发展选修课程学分</td></tr>
<tr><td rowspan="4">创新创业课程</td><td>科研</td><td>1</td><td rowspan="4">3.17%</td><td rowspan="4">科研学分可替代专业发展选修课程学分,技能学分、实践学分可替代通识教育选修课程学分。创业学分可替代专业发展必修课程学分和专业发展选修课程学分。具体的认定和替换按学校相应规定执行</td></tr>
<tr><td>技能</td><td>1</td></tr>
<tr><td>实践</td><td>1</td></tr>
<tr><td>创业</td><td>1</td></tr>
</table>

五、教学规范

(一)教学计划

教学计划是学校保证教学质量和人才培养规格的重要文件,是组织教学过程、安排教学任务的基本依据,应保持相应稳定,并适时修订。执行过程中如需变动,应遵循规范的论证和审批手续。

表2-6 会计学专业课程教学计划表

课程类别	培养目标	课程名称	学分	自学时数	网络课程时数	辅导时数	建议开课学期	考核方式
理论素养课程	英语能力 计算机能力 社会责任感 敏锐的洞察力 职业道德素养 开阔的国际视野	思想道德修养与法律基础	3	120	72	20	1	网考
		马克思主义基本原理概论	3	120	72	20	2	网考
		毛泽东思想和中国特色社会主义理论体系概论	3	120	72	20	1	网考
		形势与政策	3	120	72	20	1	网考
		大学英语	3	120	72	20	1	网考
		高等数学	3	120	72	20	2	网考
		计算机信息基础	2	60	36	20	2	网考
	学习能力 构建知识网络 提升专业技能	微观经济学	5	180	108	20	2	闭卷
		宏观经济学	5	180	108	20	3	闭卷
		管理学原理	5	150	90	20	1	网考
		金融学	3	120	72	20	2	论文
		企业管理学	3	120	72	20	3	论文
	学习能力 学习习惯 夯实专业基础 构建专业体系	会计学原理	5	120	72	20	1	闭卷
		财务管理	5	120	72	20	2	闭卷
		税法	5	120	72	20	2	闭卷
		中级财务会计	5	150	90	20	2	闭卷
		银行会计	4	120	72	20	3	网考
		成本会计	4	120	72	20	3	网考
		管理会计	4	120	72	20	4	网考
		非营利组织会计	4	120	72	20	4	网考
		高级财务会计	5	180	108	20	4	网考

续表

课程类别	培养目标	课程名称	学分	自学时数	网络课程时数	辅导时数	建议开课学期	考核方式
理论素养课程	逻辑性 写作能力 文字表达能力 分析解决问题的能力	毕业论文(设计)	6		18	20	5	实作
技能实践课程	沟通能力 团队精神 实际操作能力 分析问题能力 运用计算机能力 理论与实践结合能力	会计信息系统	3	120	72	20	4	作业
		财务报表分析	3	120	72	20	2	网考
		投资项目评估	3	120	72	20	120	作业
		审计实务	4	150	90	20	4	作业
		财务会计模拟实习	2	60	36	20	2	作业
		企业实习	2				5	实作
		证券投资与分析	3	120	72	20	1	网考
案例课程	领导能力 表达能力 组织能力 分析问题能力 创新和学习能力 理论与实践结合能力	财务会计案例分析	4	150	90	20	2	作业
		财务管理案例分析	4	150	90	20	3	作业
		管理会计案例分析	4	150	90	20	2	作业
微课程	组织表达能力 总结归纳能力	会计学原理	1	30	18	10	1	网考
		财务管理	1	30	18	10	1	网考
		财务会计模拟实习	1	30	18	10	1	网考
		会计信息系统	1	30	18	10	1	网考
		财务会计案例分析	1	30	18	10	1	网考
		管理会计案例分析	1	30	18	10	1	网考

(二)教学大纲

教学大纲是实施教学和考核的依据。列入教学计划的各门课程或实践教学环节,应在开课前制定科学合理的教学大纲。教学大纲一般应包括课程性质与简介、先修课程、教学时数、各章节知识要点、教材、参考书、教学方法、教学手段、教学进度安排和考核方式等。教学大纲一经确定必须严格执行。

(三)教材选用

高度重视教材建设,建立完善的教材选用制度。思想政治理论课程、“马工程”课程按国家规定选用教材,其他课程要选用优秀的继续教育教材。

(四)教学模式

提倡信息化主导下的“线上与线下、课堂与实训、学校教师与行业专家相结合”的混合式多元化教学模式。鼓励启发式、互动式、讨论式和案例式教学,激发学生学习兴趣,增强学生自主学习能力,注重培养学生的批判性思维,提高继续教育教学效果。

(五)实践教学

在夯实会计基础课程的基础上,将理论素养课程与技能实践课程相结合,通过将理论课程与技能训练课程交叉设置,加强学生对理论知识的理解,同时提升专业技能。新培养方案将增设案例课程,通过多项案例分析,提出本专业继续发展必须解决的主要问题和系统的理论学习与技能训练的必要性,同时通过本门案例课程,将理论与实践相联系,增强学生将理论知识运用于实践的能力。

会计学专业实践教学包括:

(1)仿真模拟实践。包括手工和计算机两个方面,通过审核和编制会计凭证、登记账簿、编制会计报表整套仿真实习,熟悉ERP在工资管理、固定资产管理、成本管理、购销存管理等领域的具体应用,巩固和加深理论知识,掌握会计学专业操作技能,强化独立分析问题和解决问题的能力,提高会计数据分析水平,以提升经营管理能力。

(2)理论课程教学中的实务教学。主要通过案例分析、学生小组讨论、企业调查等教学方式实施。

(3)课程实践实习教学可以在理论课程教学教室进行,也可以根据课程需要开展课堂外的实际调查与分析。

(4)课程实践实习教学。要对学生进行必要的考核,考核形式可以是案例分析、文献综述、课外阅读、家庭作业、调查报告、讨论发言等,在评定课程期末成绩时,按照理论课占70%、实践课占30%的标准对学生进行期末综合考核。

(5)专业实习和社会实践。专业实习安排在毕业前,学生在校外兼职教师指导下进入企事业单位等进行为期两个月以上的会计学专业实习;社会实践安排在第二学年和第三学年的暑假进行。学生还可在其他时间以其他方式参加社会实践。

(六)成绩考核

公共选修课程的考核方式主要采用形成性考核评价,课程成绩由网上学习和作业(测验)组成,其余课程采用课程形成性考核评价和课程终结性考核评价相结合的课程考核评价方式。课程期末考核方式分为网考、笔试、实作等几类。课程成绩一般由作业、网上学习、期末成绩等三部分组成。

新考核方法要求,根据课程教学的不同要求采取不同的考核方式,建立试题库。将课程考核从最终的卷面考试延伸到整个课程的学习过程,注重平时成绩与期末成绩相结合、实作成绩与考试成绩相结合。充分利用网络平台,搜集网络教与学数据和考试成绩大数据,建立学生发展分析平台。

主要的考核模式:

(1)平时成绩(30%)+期末考试成绩(70%)。

针对理论素养课,采用平时成绩结合期末考试成绩的模式。平时成绩多以作业、考勤、课堂回答问题的表现来定,占总评成绩的30%;期末考试则以笔试为主，按照教学计划中的重点内容出题组织考试，占总评成绩的70%。

(2)平时考核、试卷成绩(20%)+平时实作成绩(20%)+期末考试成绩(20%)+期末实作考核成绩(40%)。

针对技能实践课程和案例课程，采用平时考核、试卷成绩占20%，平时实作成绩占20%，期末考试成绩占20%，期末实作考核成绩占40%的考核模式。

六、师资队伍

(一)教师规模和结构

目前，在校内师资队伍中拥有两个专业背景的教师比例达30%，教师的专业背景除会计、财务管理、审计外，管理学、经济学、法学、金融学、数学是另一专业背景，复合型师资队伍建设保证了管理型财会人才培养目标的实现。

(二)专业背景和水平

经济管理学院高度重视师资队伍的建设，在学校和学院的大力支持下，本学位点加大对师资队伍建设的总体投入，紧紧围绕人才培养和学科建设，建立健全保障措施，实施多元化用人机制，扩大师资来源渠道，及时满足教师需求。优化教师结构，加强学科梯队建设，强化继续教育，通过营造人才稳定和发展的良好环境氛围来改进和完善师资队伍结构，着力造就和凝聚一支具有奉献精神、良好师德、优良素质，结构合理、充满活力，特色鲜明、成果丰富的高水平专职教师队伍。教师发展的平台和机制，包括教研室、传帮带机制、教师引进机制、教师发展中心等。

积极引进学科带头人，构建学科人才梯队，尤其是围绕着新时期为区域经济培养卓越会计人才的目标，注重培养与引进有国际视野的、通晓资本市场和会计实务、有研究专长的中青年学者。现已大量引入毕业于厦门大学、中国人民大学等名校的博士。

七、教学条件

(一)教学设施

学校为各专业提供数量充足、功能完善的教学设施;实现线上线下教学平台共享。除了拥有完善的教学平台设施,学校还建立了校内仿真实训基地和在校外与会计师事务所共建的教学实践基地。校内仿真实训基地,承担的主要实验课程有会计基础实训、财务会计实训、成本会计实训以及会计电算化综合实训,为学生操作和业务能力培养提供优越的教学条件。此外,学校为了培养学生的学习实践能力和专业发展水平,还开设专门的会计电算化实训室进行用友财务软件的培训和操作实践课程。通过校内和校外的联合培养,形成"同心圆"型实训基地网络。

学校还拥有CSMAR数据库使用权限。该数据库是国内目前规模最大、信息最精准的金融、经济数据库,由股票、基金、债券、金融衍生产品、上市公司、经济、行业、高频数据八大系列及个性化数据服务构成,可以为学生学术道路的长远发展提供强大的数据背景支撑。

(二)信息资源

学校为各专业搭建网络在线学习平台,课程板块包含课程简介、学习内容、主题讨论、课程答疑、共享笔记、课程统计、课程通知。网络在线学习平台将开放知识点视频课程,加强实时交互答疑,课程学习在线辅导等,并对学习方法进行指导,对毕业论文进行辅导。在此基础上,加强网络平台的督学功能,定期通报学生在线学习情况,跟踪督促学生日常远程学习,学生也可以通过平台实时查询自己的学习情况。

学校为各专业提供数量充足、种类齐全的纸质和电子图书资源,配置满足教学需要的电子资源数据库以及检索工具,向学生推荐教材和必要的教学参考资料,为师生提供便捷的信息资源服务。

(三)教学经费

教学经费专指在专业教学各个环节发生的资源建设费用、教学运行费用与教学评估费用等。教学经费的投入应较好满足专业人才培养需求,并随教育事业经费的增长而稳定投入。教学经费不得用于非教学用途。

八、质量管理

(一)管理目标

本专业以学习者职业能力提升为目标,建立以培养目标、培养规格、课程体系、教学规范、专业师资、教学条件、教学过程、教学改革与研究、教学效果等为核心的质量管理目标体系,增加以质量监控为目标的毕业生质量跟踪机制,社会、用人单位等的评价与反馈机制。围绕质量管理目标要求,制定质量管理实施规范,建立教学管理制度、督导制度、评教制度、评学制度,建立信息反馈机制和调控改进机制,开展经常化和制度化的检查、监督和指导,对主要教学环节的教学质量实施全方位的监控与评估,确保对专业教学质量形成全过程的有效监控。

(二)质量规范

本专业以专业标准为基础,建立科学合理的质量评估指标体系,作为评估专业教育质量的基本依据。

本专业建设实时的教学质量状态数据库,围绕质量目标要求,开展经常化和制度化的质量评估,确保对教学质量形成有效监控,保障教学质量的持续提升和专业人才培养目标的充分实现。对专业教学的投入质量、过程质量和产出质量进行管理,其中投入质量保障主要包含基础设施建设、师资培养培训和各种支持服务等。过程质量保障主要指技术标准,不断制定新的教学标准或课程标准,建立教学质量的诊断与改进机制。产出质量保障主要是对学生学习有效性的监测,通过对学生满意度、教师满意度和单位及公司满意度的调查,建立质量评估机制,对产出质量进行监控。根据对质量监控的评估和分析,针对人才培养过程中存在的问题,及时采取纠正与预防措施,并进行持续改进,保证教学质量的不断提高和专业人才培养目标的实现,确保继续教育的"职业效度"。

继续教育金融学专业标准

培养层次:专升本

专业代码:020301K

一、专业概述

1.历史沿革

西南大学1956年设农村金融与财政研究方向,1993年设金融与保险专科专业,1997年升为金融学本科专业,1998年获准金融学硕士学位授权点,2001年设金融学继续教育本科专业,2009年获准金融硕士专业学位授权点,2018年获得应用经济学一级学科博士点,开始招收培养金融学博士。本专业具有较深厚的历史积淀和丰富的办学经验。

2.支撑学科

有应用经济学、农林经济管理两个一级学科博士学位授权点和金融学硕士学位授权点,以及其他经济学、管理学学科硕士学位授权点的支撑。

3.专业特色

本专业顺应当代金融发展对人才培养的现实需求,体现"宽口径、厚基础、重能力"的专业特色。一是宽口径。本专业是综合性金融专业,课程内容涉及货币、信用、银行、证券、保险等金融机构与金融市场,涵盖了所有的金融产业业态,学生所学知识面广，具有广泛的就业适应性。二是厚基础。课程体系重在夯实学生的专业基础知识，让学生掌握基本的金融学概念、理论、方法与操作规程。三是重能力。课程体系高度重视专业技能和操作规程的培养，具体包括信贷风险识别与管理、证券投资与分析技术、金融风险管理技术与方法、金融工程技术与方法等。同时，还注重加强国际化金融市场的运作机制和投资模式教育，培养学生的国际金融视野和创新创业能力。

二、培养目标

本专业以在银行、证券、保险、信托等金融机构和企事业单位、政府部门已经从事或者未来有志于从事金融工作的在职人员为培养对象，旨在培养具有爱党爱国和拥护社会主义制度，遵纪守法，爱岗敬业，牢固掌握经济管理领域基础知识，系统掌握金融学理论基础、基本方法与实际操作规程，具备健全人格与心理素质，具有强烈的社会责任感、深厚的人文底蕴、宽广的国际视野，富有创新精神和实践能力，能胜任银行、证券、保险等金融机构和企事业单位、政府部门的金融业务运营与管理等工作的应用型人才。

三、培养学期和规格

（一）学习学期和年限

（1）学期：每学年分为春季、秋季两个学期。

（2）年限：基本学习年限为2.5年，最长学习年限为6年。

（二）毕业条件与授予学位

（1）毕业条件：学生在规定的学习年限内修完专业教学计划规定的全部课程，取得所学专业规定的总学分，最低毕业学分要求为80学分，毕业鉴定合格。

（2）授予学位：获得毕业证书，通过学位英语考试，且学习期间表现良好、论文等级在良好及以上、所有科目平均分在70分及以上、补考课程累计少于4门者,可申请经济学学士学位。

(三)人才培养要求

1.思想方面

培养坚决拥护中国共产党的领导,热爱祖国,具有对社会、人类的高度责任感,具有正确的世界观、人生观、价值观,具有良好的学风、高尚的社会公德和健康的心理素质,德智体美劳全面发展的社会主义建设者和接班人。

2.知识方面

(1)掌握经济学和管理学的基础理论。

(2)掌握金融学的基本概念、基本理论和基本业务。

(3)熟悉金融活动基本流程、金融业运行机制和国际金融惯例。

(4)了解金融行业发展动态、金融人才需求、金融理论前沿与应用前景。

(5)熟悉国情和国家有关经济与金融的方针、政策和法律法规,在金融业务流程与操作方面受到基本的实践训练。

3.能力方面

(1)掌握金融学文献研究、案例研究、统计研究、事件研究等研究方法。

(2)具备一定的科学研究、实际工作和创业的能力。

(3)具有一定的批判性思维。

(4)掌握一门外语和一种计算机程序语言,能够熟练阅读国内外金融专业书刊。

(5)具有较强的听、说、读、写、译以及计算机操作能力。

4.态度方面

(1)恪守职业道德,遵守科学伦理。

(2)具备一定的信息素养、科学素养、人文素养和求实创新意识。

(3)坚守格物致知、经世济民的信念。

(4)有效参与组织管理、交流沟通、团队合作等。

四、课程体系

(一)课程分类结构

课程体系包括公共基础课程、专业课程、实践教学课程和创新创业课程四大类课程。

公共基础课程包括公共基础必修课程和公共基础选修课程。公共基础必修课程包括大学英语、计算机应用基础、毛泽东思想和中国特色社会主义理论体系概论等。公共基础选修课程由学校统一开设,学生选修4学分。

专业课程包括专业必修课程和专业选修课程。

实践教学课程包括毕业论文、实习等。

创新创业课程包括学生发表的科研论文、获得的职业资格证书、创业等。

(二)课程学分结构

本专业学生毕业须修满80学分及以上,学分构造情况见表2-7。

表2-7　金融学专业课程学分结构表

课程类别		学分	比例	备注
公共基础课程	公共基础必修课程	12	15%	包括大学英语、计算机应用基础、毛泽东思想和中国特色社会主义理论体系概论等
	公共基础选修课程	4	5%	学校统一开设
专业课程	专业必修课程	45	56.25%	
	专业选修课程	12	15%	
实践教学课程		7	6.75%	

续表

课程类别	学分	比例	备注
创新创业课程			发表的科研论文经专家论证后可以代替专业选修课程学分,获得的职业资格证书经专家论证后可以免考相应专业类课程,创业实绩经专家论证后可以代替实践教学课程学分
合计	80	100%	

五、教学规范

(一)教学计划

教学计划是学校保证教学质量和人才培养规格的重要文件,是组织教学过程、安排教学任务的基本依据,应保持相应稳定,并适时修订。执行过程中如需变动,应遵循规范的论证和审批手续。

表2-8　金融学专业课程教学计划表

课程类别	课程名称	学分	课程时数	自学时数	建议开课学期	考核形式	备注
公共基础必修课程	大学英语(B)	4	72	120	1	统考	
	毛泽东思想和中国特色社会主义理论体系概论	4	72	120	1	网考	
	计算机应用基础	4	72	120	1	统考	
公共基础选修课程	学校统一开设,选修4学分						
专业必修课程	西方经济学(上)	5	90	150	2	网考	
	西方经济学(下)	5	90	150	2	网考	
	金融学	5	90	150	2	网考	
	金融学市场学	5	90	150	2	网考	

续表

课程类别	课程名称	学分	课程时数	自学时数	建议开课学期	考核形式	备注
专业必修课程	财务会计学	5	90	150	2	网考	
	中央银行学	5	90	150	3	网考	
	商业银行经济学	5	90	150	3	网考	
	国际金融	5	90	150	4	网考	
	证券投资学	5	90	150	4	网考	
专业选修课程	人力资源开发与管理	4	72	120	3	网考	选修12学分
	管理经济学	4	72	120	3	网考	
	财务管理学	4	72	120	3	网考	
	项目投资与分析	4	72	120	4	网考	
	国际投资	4	72	120	4	网考	
实践教学课程	毕业论文	6			5		
	社会实践	1			5		
创新创业课程	科研						
	技能						
	创业						
职业资格证书对应课程说明	1. 资格证书名称。 2. 对应课程名称与学分						

（二）教学大纲

教学大纲是实施教学和考核的依据。列入教学计划的各门课程或实践教学环节，应在开课前制定科学合理的教学大纲。教学大纲一般应包括课程性质与简介、先修课程、教学时数、各章节知识要点、教材、参考书、教学方法、教学手段、教学进度安排和考核方式等。教学大纲一经确定必须严格执行。

（三）教材选用

高度重视教材建设，建立完善的教材选用制度。思想政治理论课程、“马工程”课程按国家规定选用教材,其他课程要选用优秀的继续教育教材。

(四)教学模式

提倡信息化主导下的“线上与线下、课堂与实训、学校教师与行业专家相结合”的混合式多元化教学模式。鼓励启发式、互动式、讨论式和案例式教学,激发学生学习兴趣,增强学生自主学习能力,注重培养学生的批判性思维,提高继续教育教学效果。

(五)实践教学

继续教育金融学专业要求学生把所学的理论知识转化为实际操作和应用的能力,提高学生分析问题、解决问题和实际动手的能力,增强学生的社会适应性,为学生从事金融及相关工作奠定良好的基础。具体专业实践教学环节包括:(1)社会实践。学生利用寒暑假等假期就相关专业问题进行社会实践,完成2—4次社会调查报告。(2)毕业实习。学生结合自己的工作单位,或自主联系金融机构参加毕业实习,并提交金融业务实习报告。(3)毕业论文。在第五学期就金融相关问题撰写毕业论文。

(六)成绩考核

金融学专业课程考核方式为网上考试、笔试、实作等。学生成绩主要由平时考核与期末考核组成,平时考核包括作业、网络问答、小测验等,期末考核采用网上考试、笔试等方式,对于实践教学课程逐步试点期末实作考试。

六、师资队伍

(一)教师规模和结构

西南大学经济管理学院师资力量雄厚,学科特色鲜明,科研成果突出,教学改革先进,发展势头强劲,形成了以一级学科博士学位授权点和博士后科研流动站为核心的优势学科群，以及本科、硕士研究生、博士研究生多层次办学体系。学院现有管理学博士后流动站，应用经济学、农林经济管理、统计学（经济统计）等一级学科博士学位授权点；有农林经济管理、应用经济学和工商管理3个一级学科硕士点；农业经济管理、企业管理、会计学、旅游管理、土地资源管理、国民经济学、区域经济学、金融学、经济统计、产业经济学和政治经济学等11个二级学科硕士点；农林经济管理是原农业部重点学科和重庆市重点学科，应用经济学和工商管理是重庆市重点学科。

金融学是经济管理学院优势学科之一。目前，财政金融系共有专职教师25人，其中教授7人（博士生导师4人），副教授7人，讲师11人；获得博士学位22人，专业教师数量和结构满足本专业需求。每门核心课程配备了1—2名专任教师。师资年龄结构、学历结构、知识结构和学缘结构合理。

（二）专业背景和水平

本专业师资队伍具有良好的专业教育背景，知识结构合理，能够满足专业教育发展的要求。专业教师一般具有3年及以上本学科专业教育或研究背景，实践性强的课程的专业教师具有实务工作背景或实务经验。

七、教学条件

（一）教学设施

学校为各专业提供了数量充足、功能完善的教学设施；实现了线上线下教学平台共享。

（二）信息资源

学校为各专业搭建网络在线学习平台，课程板块包含课程简介、学习内容、主题讨论、课程答疑、共享笔记、课程统计、课程通知。网络在线学习平台将开放知识点视频课程，加强实时交互答疑，课程学习在线辅导等，并对学习方法进行指导,对毕业论文进行辅导。在此基础上,加强网络平台的督学功能,定期通报学生在线学习情况,跟踪督促学生日常远程学习,学生也可以通过平台实时查询自己的学习情况。

学校为各专业提供数量充足、种类齐全的纸质和电子图书资源,配置满足教学需要的电子资源数据库以及检索工具,向学生推荐教材和必要的教学参考资料,为师生提供了便捷的信息资源服务。

(三)教学经费

教学经费是指在专业教学各个环节发生的资源建设费用、教学运行费用与教学评估费用等。教学经费的投入应较好满足专业人才培养需求,并随教育事业经费的增长而稳定投入。教学经费不得用于非教学用途。

八、质量管理

(一)管理目标

本专业以学习者职业能力提升为目标,建立以培养目标、培养规格、课程体系、教学规范、专业师资、教学条件、教学过程、教学改革与研究、教学效果等为核心的质量管理目标体系,增加以质量监控为目标的毕业生质量跟踪机制,社会、用人单位等的评价与反馈机制。围绕质量管理目标要求,制定质量管理实施规范,建立教学管理制度、督导制度、评教制度、评学制度,建立信息反馈机制和调控改进机制,开展经常化和制度化的检查、监督和指导,对主要教学环节的教学质量实施全方位的监控与评估,确保对专业教学质量形成全过程的有效监控。

(二)质量规范

本专业以专业标准为基础,建立了科学合理的质量评估指标体系,作为评估专业教育质量的基本依据。

本专业建设实时的教学质量状态数据库,围绕质量目标要求,开展经常化和制度化的质量评估,确保对教学质量形成有效监控,保障教学质量的持续提升和专业人才培养目标的充分实现。对专业教学的投入质量、过程质量和产出质量进行管理,其中投入质量保障主要包含基础设施建设、师资培养培训和各种支持服务等。过程质量保障主要指技术标准,不断制定新的教学标准或课程标准,建立教学质量的诊断与改进机制。产出质量保障主要是对学生学习有效性的监测,通过对学生满意度、教师满意度和单位及公司满意度的调查,建立质量评估机制,对产出质量进行监控。根据对质量监控的评估和分析,针对人才培养过程中存在的问题,及时采取纠正与预防措施,并进行持续改进,保证教学质量的不断提高和专业人才培养目标的实现,确保继续教育的"职业效度"。

继续教育药学专业标准

培养层次:专升本

专业代码:100701

一、专业概述

药学专业是一门以医学、生物学和化学为基础的综合性应用基础学科。其主要任务是培养具备药学学科基本理论、基本知识和实验技能,能在药物生产、检验、流通、使用和管理等领域从事药物发现和评价、药物制剂设计与制备、药品质量标准研究和质量控制、药品管理以及药学服务等工作的高级科技人才。

药学专业源于西南大学1993年设立的药学专科,2000年开始招收药学专业本科生。秉承"特立西南、学行天下"的大学精神和"基于综合,立于专业,归于个性"的人才培养理念,形成了优势突出的本科、硕士研究生、博士研究生、博士后的人才培养体系。药学专业是重庆市首批一流专业,拥有"药学"博士后流动站、药学一级学科博士学位授权点,"药学"和"中药学"硕士学位授权点,有国家中医药管理局和重庆市重点学科2个;有省部级重点实验室、科研平台6个,重庆市高校创新团队1个;拥有国家级药学实验教学(示范)中心、国家级药学虚拟仿真实验教学中心及20多个校外实习基地。2013年开办继续教育,秉承"以学习者职业能力提升为导向,以满足学习者学习发展需求为重点"的继续教育人才培养理念,在开放性、普适性、适用性、教学资源丰富等方面赢得了良好声誉。

二、培养目标

继续教育药学专业在学生原有工作经验基础上,进一步培养他们热爱药学事业,具备从事药学事业的职业理想和奉献精神,使药学专业的学生具有较高的职业素养和专业素养;培养学生具有扎实的药学专业知识,具备药物研究开发、评价、制备、分析及管理等专业能力,以及较强的创新意识和创新能力,胜任新药研究与开发、药物评价、药品生产管理及质量控制和合理用药指导等医药相关工作的高素质创新药学人才。

三、培养规格

(一)学习年限

药学专业的基本学习年限为2.5年,最长学习年限为6年。

(二)毕业条件与授予学位

(1)毕业条件:学生在规定的学习年限内修完专业教学计划规定的全部课程,取得所学专业规定的总学分,毕业鉴定合格,可准予毕业。

(2)授予学位:在校期间表现良好,且所有科目平均分达80分及以上,补考累计少于4门,毕业论文评定良好及以上,同时满足以上条件者,可申请理学学士学位。

（三）人才培养要求

1.思想方面

培养坚决拥护中国共产党的领导，热爱祖国，具有对社会、人类的高度责任感，具有正确的世界观、人生观、价值观，具有良好的学风、高尚的社会公德和健康的心理素质，德智体美劳全面发展的社会主义建设者和接班人。

2.知识方面

（1）掌握药剂学、药物化学、药物分析和药理学、天然药物化学及仪器分析等药学主要分支学科的专业理论知识和实验技能，具备药物制剂生产制备、药品质量检测分析、质量控制、药效学和药物安全性评价等知识。

（2）掌握化学、生命科学、临床医学基础等药学专业必备的相关基础学科基本知识。

（3）熟悉药事管理的法规、政策，了解现代药学的发展动态。

（4）了解药品GMP车间、药房管理，熟悉药事管理的法规、政策与营销的基本知识。

（5）了解一定的自然科学、人文社会科学以及创新创业等方面的知识或信息。

（6）掌握文献检索、资料分类汇总等基本操作方法。

3.能力方面

（1）具备化学、生命科学、临床医学基础等药学专业必备的相关基础学科实验技能。

（2）具备药物化学、药理学、药剂学、药物分析学、生药学和天然药物化学等药学各主要分支学科的基本技能和专业能力。

（3）具备药物研究与开发、药物设计与生产、药物质量控制、药理筛选与药物临床应用的能力。

(4)熟练运用信息技术、文献检索方法,具备相关数理基础知识与技能分析处理本专业有关问题的能力。

(5)能够比较熟练地阅读和翻译本专业英文文献和有关资料。

4. 态度方面

(1)具有深厚的人文底蕴,恪守良好的职业道德。

(2)具备一定的科学素养、人文素养和创新创业意识。

(3)坚守一切为了人民健康的信念。

(5)有效参与组织管理、交流沟通、团队合作等。

四、课程体系

(一)课程分类结构

课程体系包括公共基础课程、专业课程、实践教学课程和创新创业课程四大类课程。

公共基础课程包括公共基础必修课程和公共基础选修课程。公共基础必修课程包括大学英语、计算机应用基础、毛泽东思想和中国特色社会主义理论体系概论等。公共基础选修课程由学校统一开设,学生选修4学分。

专业课程包括专业必修课程和专业选修课程。

实践教学课程包括毕业论文、实习等。

创新创业课程包括学生发表的科研论文、获得的职业资格证书、创业等。

(二)课程学分结构

本专业学生毕业须修满80学分及以上,学分构造情况见表2-9。

表2-9　药学专业课程学分结构表

课程类别		学分	比例	备注
公共基础课程	公共基础必修课程	12	15%	包括大学英语、计算机应用基础、毛泽东思想和中国特色社会主义理论体系概论等
	公共基础选修课程	4	5%	学校统一开设
专业课程	专业必修课程	41	51.3%	
	专业选修课程	16	20%	
实践教学课程		7	8.7%	
创新创业课程				1.取得初级职称或中级职称可替换1门4学分的专业选修课程。 2.取得高级职称(或执业药师资格证)可替换1门专业必修课程和1门专业选修课程。 3.在公开出版的药学或医学刊物上以第一作者发表论文可替换1门专业选修课程
合计		80	100%	

五、教学规范

(一)教学计划

教学计划是学校保证教学质量和人才培养规格的重要文件,是组织教学过程、安排教学任务的基本依据,应保持相应稳定,并适时修订。执行过程中如需变动,应遵循规范的论证和审批手续。

表2–10　药学专业课程教学计划表

课程类别	课程名称	学分	课程课时	自学课时	建议开课学期	考核形式
公共基础必修课程	大学英语（B）	4	72	120	1	统考网考
	计算机应用基础	4	72	120	1	统考网考
	邓小平教育思想	4	72	120	1	网考
公共基础选修课程	通识课1	2	36	60	1	论文
	通识课2	2	36	60	1	论文
专业必修课程	有机化学（二）	5	90	150	2	网考
	物理化学	5	90	150	2	网考
	微生物免疫学	5	90	150	2	网考
	工业药剂学	5	90	150	3	笔试
	仪器分析	4	72	120	2	网考
	生物药学	4	72	120	3	笔试
	药品生物检定技术	4	72	120	3	笔试
	药事法规	4	72	120	3	笔试
	药学实践技能	5	90	150	3	网考
专业选修课程（学生结合职业规划选一个模块课程学习）	模块一：药品应用方向					
	药物毒理学	4	72	120	4	网考
	中药药理学	4	72	120	4	网考
	临床药理学	4	72	120	4	笔试
	临床医学概论	4	72	120	4	网考
	模块二：药品制备方向					
	药品生产质量管理工程	4	72	120	4	网考
	生药学	4	72	120	4	
	分子生物学	4	72	120	4	
	药用辅料	4	72	120	4	网考

续表

<table>
<tr><th>课程类别</th><th>课程名称</th><th>学分</th><th>课程课时</th><th>自学课时</th><th>建议开课学期</th><th>考核形式</th></tr>
<tr><td rowspan="2">实践教学课程</td><td>社会实践</td><td>1</td><td>18</td><td></td><td>2–3</td><td>实作</td></tr>
<tr><td>毕业论文(设计)</td><td>6</td><td>108</td><td></td><td>5</td><td>实作</td></tr>
<tr><td>创新创业课程</td><td colspan="6">1.取得初级职称或中级职称可替换1门4学分的专业选修课程。
2.取得高级职称(或执业药师资格证)可替换1门专业必修课程和1门专业选修课程。
3.在公开出版的药学或医学刊物上第一作者发表论文可替换1门专业选修课程</td></tr>
<tr><td>职业资格证书对应课程说明</td><td colspan="6">学生在其他教育机构学习获得的课程学分经专家论证后可以转化为相应课程学分</td></tr>
</table>

(二)教学大纲

教学大纲是实施教学和考核的依据。列入教学计划的各门课程或实践教学环节,应在开课前制定科学合理的教学大纲。教学大纲一般应包括课程性质与简介、先修课程、教学时数、各章节知识要点、教材、参考书、教学方法、教学手段、教学进度安排和考核方式等。教学大纲一经确定必须严格执行。

(三)教材选用

高度重视教材建设,建立完善的教材选用制度。思想政治理论课程、“马工程”课程按国家规定选用教材,其他课程要选用优秀的继续教育教材。

(四)教学模式

提倡信息化主导下的“线上与线下、课堂与实训、学校教师与行业专家相结合”的混合式多元化教学模式。鼓励启发式、互动式、讨论式和案例式教学,激发学生学习兴趣,增强学生自主学习能力,注重培养学生的批判性思维,提高继续教育教学效果。

(五)实践教学

继续教育药学专业要求学生进行社会实习实践,时间不少于半年,具体实习实践事宜在制药企业、医院药房或社会药房等单位完成。在制药企业实习应在各制剂车间轮岗实习实践,主要学习药物的制备、检验、管理;在医院药房实习应在各科室轮岗实习实践,主要学习合理用药;在社会药房实习实践主要熟悉GSP。实习实践应当在实习单位专业工程师或执业药师的指导下完成。实习实践结束后学生应提交实习实践报告。其中,药厂实习实践报告应当采用药品生产工艺规程的形式进行;药房实习实践报告应当采用用药方案报告的形式,以学生实习期间遇到的临床病例的用药记录、疾病诊断和疾病药物治疗等为主要内容,写出用药方案,并给出参考文献;在社会药房实习应写出药品流通管理报告。

(六)成绩考核

药学专业课程考核方式为网上考试、笔试、实作等。学生成绩主要由平时考核与期末考核组成,平时考核包括作业、网络问答、小测验,期末考核采用网上考试、笔试等方式,对于临床实践课程逐步试点期末实作考试。

六、师资队伍

(一)教师规模和结构

药学专业专任教师41人,教授17人、副教授12人,博士生导师11人、硕士生导师30人,具有博士学位38人、硕士学位40人,具有海外留学或工作经历35人。各门专业课程教师数量和梯队合理。本专业拥有12人及以上专业素质较高的专职实验技术人员。

(二)专业背景和水平

除专业基础课程,其他专业课程任课教师必须具有药学学科或医学专业的学科背景。专业教师一般具有3年及以上本学科专业教育或研究背景,实践性强的课程的专业教师具有不少于半年的企业工作经历。专业课程任课教师一般具有博士学位,专业核心课程任课教师一般具有高级职称。

七、教学条件

(一)教学设施

学校为各专业提供数量充足、功能完善的教学设施;实现线上线下教学平台共享。

(二)信息资源

学校为各专业搭建网络在线学习平台,课程板块包含课程简介、学习内容、主题讨论、课程答疑、共享笔记、课程统计、课程通知。网络在线学习平台将开放知识点视频课程,加强实时交互答疑,课程学习在线辅导等,并对学习方法进行指导,对毕业论文进行辅导。在此基础上,加强网络平台的督学功能,定期通报学生在线学习情况,跟踪督促学生日常远程学习,学生也可以通过平台实时查询自己的学习情况。

学校为各专业提供数量充足、种类齐全的纸质和电子图书资源,配置满足教学需要的电子资源数据库以及检索工具,向学生推荐教材和必要的教学参考资料,为师生提供便捷的信息资源服务。

(三)教学经费

教学经费专指在专业教学各个环节发生的资源建设费用、教学运行费用与教学评估费用等。教学经费的投入应较好满足专业人才培养需求,并随教育事业经费的增长而稳定投入。教学经费不得用于非教学用途。

八、质量管理

(一)管理目标

本专业以学习者职业能力提升为目标,建立以培养目标、培养规格、课程体系、教学规范、专业师资、教学条件、教学过程、教学改革与研究、教学效果等为核心的质量管理目标体系,增加以质量监控为目标的毕业生质量跟踪机制,社会、用人单位等的评价与反馈机制。围绕质量管理目标要求,制定质量管理实施规范,建立教学管理制度、督导制度、评教制度、评学制度,建立信息反馈机制和调控改进机制,开展经常化和制度化的检查、监督和指导,对主要教学环节的教学质量实施全方位的监控与评估,确保对专业教学质量形成全过程的有效监控。

(二)质量规范

本专业以专业标准为基础,建立科学合理的质量评估指标体系,作为评估专业教育质量的基本依据。

本专业建设实时的教学质量状态数据库,围绕质量目标要求,开展经常化和制度化的质量评估,确保对教学质量形成有效监控,保障教学质量的持续提升和专业人才培养目标的充分实现。对专业教学的投入质量、过程质量和产出质量进行管理,其中投入质量保障主要包含基础设施建设、师资培养培训和各种支持服务等。过程质量保障主要指技术标准,不断制定新的教学标准或课程标准,建立教学质量的诊断与改进机制。产出质量保障主要是对学生学习有效性的监测,通过对学生满意度、教师满意度和单位及公司满意度的调查,建立质量评估机制,对产出质量进行监控。根据对质量监控的评估和分析,针对人才培养过程中存在的问题,及时采取纠正与预防措施,并进行持续改进,保证教学质量的不断提高和专业人才培养目标的实现,确保继续教育的“职业效度”。

继续教育动物医学专业标准

培养层次:专升本

专业代码:090401

一、专业概述

动物医学作为医学的一个分支,是现代生命科学的有机组成部分,也是我国农业科学的重要组成部分。其主要任务是在“一个世界、一个健康”的理念下,运用专业知识,对食品动物、农场动物、实验动物、伴侣动物、野生动物以及外来动物等进行流行病学分析、疾病检查、诊断与治疗,对疫病进行检疫和防控。其根本任务是保障畜牧业可持续发展,促进动物健康和动物福利,提高动物源性食品质量,维护公共卫生和生态环境安全,保护人类健康。

西南大学动物医学专业起源于1923年华西协和大学生物系,秉承“特立西南、学行天下”的大学精神和“基于综合,立于专业,归于个性”的人才培养理念,形成了优势突出,本科、硕士研究生、博士研究生人才培养体系。动物医学专业是教育部“国家级特色专业”和重庆市首批一流专业,拥有兽医学一级学科博士学位授权点和兽医硕士学位授权点,现有1个重庆市工程技术中心、1个重庆高校重点实验室和1个重庆市高校工程技术中心;有面积达3900平方米的教学动物医院,在20多家大型企业、动物医院建有实习基地。1987年开办继续教育,秉承“以学习者职业能力提升为导向,以满足学习者学习发展需求为重点”的继续教育人才培养理念,在开放性、普适性、适用性、教学资源丰富等方面赢得了良好声誉。

二、培养目标

继续教育动物医学专业在学生原有工作经验基础上,进一步培养他们热爱兽医事业,具备从事兽医事业的职业理想和奉献精神,使动物医学专业的学生具有较高的职业素养和专业素养。根据我国执业兽医和官方兽医分类管理的要求,学生需掌握动物医学及相关学科方面的知识,以及动物疾病诊断、预防和治疗等方面的基本技能;学生具有自主学习和终身学习的意识和能力,能够在高等院校、科研院所、各级兽医部门、畜牧兽医企业从事动物疾病诊疗、防疫检疫、动物保健、动物产品安全、兽医生物制品生产与开发、兽药饲料营销、环境与动物保护等方面的工作,成为新时期的应用型人才。

三、培养规格

(一)学习年限

动物医学专业的基本学习年限为2.5年,最长学习年限为6年。

(二)毕业条件与授予学位

(1)毕业条件:学生在规定的学习年限内修完专业教学计划规定的全部课程,取得所学专业规定的总学分,毕业鉴定合格,可准予毕业。

(2)授予学位:在校期间表现良好,且所有科目平均分达70分及以上,补考累计少于4门,通过学位英语考试,毕业论文评定良好及以上,同时满足以上条件者,可申请农学学士学位。

(三)人才培养要求

1.思想方面

培养坚决拥护中国共产党的领导,热爱祖国,具有对社会、人类的高度责任感,具有正确的世界观、人生观、价值观,具有良好的学风、高尚的社会公德和健康的心理素质,德智体美劳全面发展的社会主义建设者和接班人。

2.知识方面

(1)全面掌握基础兽医学、预防兽医学和临床兽医学的专业知识和相关理论。

(2)熟悉世界动物卫生组织、国家动物疫病防控、人畜共患病、动物源食品安全、动物及动物产品进出口检疫等相关政策、法规及文件。

(3)了解动物保护与动物福利的相关理论和知识。

(4)了解动物医学、医学、生命科学理论、医学技术等前沿知识与发展趋势。

(5)了解一定的自然科学、人文社会科学及创新创业等方面的知识或信息。

(6)掌握文献检索、资料分类汇总等基本操作方法。

3. 能力方面

(1)能独立地诊断与治疗动物疾病。

(2)掌握调查与防控动物疫病与人畜共患病流行病学等的方法。

(3)能独立自主地检疫动物及动物产品。

(4)规范、正确地使用各种兽药。

(5)基本掌握保障动物源食品安全与公共卫生的基本技能。

(6)熟练掌握实验动物养护和动物试验的基本操作技能。

(7)熟练操作计算机,掌握一门外语。

4. 态度方面

(1)恪守职业道德,遵守科学伦理。

(2)具备一定的信息素养、科学素养、人文素养和求实创新意识。

(3)坚守热爱生命、爱护动物的信念。

(4)有效参与组织管理、交流沟通、团队合作等。

四、课程体系

(一)课程分类结构

课程体系包括公共基础课程、专业课程、实践教学课程和创新创业课程四大类课程。

公共基础课程包括公共基础必修课程和公共基础选修课程。公共基础必修课程包括大学英语、计算机应用基础、毛泽东思想和中国特色社会主义理论体系概论等。公共基础选修课程由学校统一开设，学生选修4学分。

专业课程包括专业必修课程和专业选修课程。

实践教学课程包括毕业论文、实习等。

创新创业课程包括学生发表的科研论文、获得的职业资格证书、创业等。

(二)课程学分结构

本专业学生毕业须修满80学分及以上，学分构造情况见表2-11。

表2-11　动物医学专业课程学分结构表

课程类别		学分	比例	备注
公共基础课程	公共基础必修课程	12	15%	包括大学英语、计算机应用基础、毛泽东思想和中国特色社会主义理论体系概论等
	公共基础选修课程	4	5%	学校统一开设
专业课程	专业必修课程	45	56.25%	
	专业选修课程	12	15%	
实践教学课程		7	8.75%	
创新创业课程				发表的科研论文经专家论证后可以代替专业选修课程学分，获得的职业资格证书经专家论证后可以免考相应专业类课程，创业实绩经专家论证后可以代替实践教学课程学分
合计		80	100%	

五、教学规范

(一)教学计划

教学计划是学校保证教学质量和人才培养规格的重要文件,是组织教学过程、安排教学任务的基本依据,应保持相应稳定,并适时修订。执行过程中如需变动,应遵循规范的论证和审批手续。

表2-12　动物医学专业课程教学计划表

课程类别	课程名称	学分	课程时数	自学时数	建议开课学期	备注
公共基础必修课程	大学英语(B)	4	72	120	1	
	计算机应用基础	4	72	120	1	
	毛泽东思想和中国特色社会主义理论体系概论	4	72	120	1	
公共基础选修课程	学校统一开设,选修4学分					
专业必修课程	兽医诊断技术	4	72	120	2	
	兽医内科学	4	72	120	2	
	兽医外科学	4	72	120	2	
	兽医产科学	4	72	120	2	
	动物传染病学	4	72	120	2	
	兽医寄生虫学	4	72	120	3	
	中兽医学	5	90	150	3	
	兽医公共卫生学	4	72	120	3	
	动物性食品卫生检验	4	72	120	3	
	兽医生物制品学	4	72	120	3	
	兽医行政管理	4	72	120	4	

续表

<table>
<tr><th colspan="2">课程类别</th><th>课程名称</th><th>学分</th><th>课程时数</th><th>自学时数</th><th>建议开课学期</th><th>备注</th></tr>
<tr><td rowspan="8">专业选修课程</td><td rowspan="4">经济动物模块</td><td>畜牧学</td><td>4</td><td>72</td><td>120</td><td>4</td><td rowspan="10">选修12学分</td></tr>
<tr><td>动物营养代谢病学</td><td>4</td><td>72</td><td>120</td><td>4</td></tr>
<tr><td>猪病学</td><td>4</td><td>72</td><td>120</td><td>4</td></tr>
<tr><td>禽病学</td><td>4</td><td>72</td><td>120</td><td>4</td></tr>
<tr><td rowspan="4">宠物医疗模块</td><td>宠物疾病诊治</td><td>4</td><td>72</td><td>120</td><td>4</td></tr>
<tr><td>小动物疾病学</td><td>4</td><td>72</td><td>120</td><td>4</td></tr>
<tr><td>动物医院临床技术</td><td>4</td><td>72</td><td>120</td><td>4</td></tr>
<tr><td>兽医普通病学</td><td>4</td><td>72</td><td>120</td><td>4</td></tr>
<tr><td colspan="2" rowspan="2">实践教学课程</td><td>社会实践</td><td>1</td><td></td><td></td><td>5</td></tr>
<tr><td>毕业论文(设计)</td><td>6</td><td></td><td></td><td>5</td></tr>
<tr><td colspan="2">创新创业课程</td><td colspan="6">学生发表的科研论文经专家论证后可以替代专业选修课程学分,学生获得的职业资格证书经专家论证后可以免考相应专业类课程,学生创业实绩经专家论证后可以替代实践课程(环节)学分</td></tr>
<tr><td colspan="2">说明</td><td colspan="6">学生在其他教育机构学习获得的课程学分经专家论证后可以转化为相应课程学分</td></tr>
</table>

(二)教学大纲

教学大纲是实施教学和考核的依据。列入教学计划的各门课程或实践教学环节,应在开课前制定科学合理的教学大纲。教学大纲一般应包括课程性质与简介、先修课程、教学时数、各章节知识要点、教材、参考书、教学方法、教学手段、教学进度安排和考核方式等。教学大纲一经确定必须严格执行。

(三)教材选用

高度重视教材建设,建立完善的教材选用制度。思想政治理论课程、“马工程”课程按国家规定选用教材,其他课程要选用优秀的继续教育教材。

（四）教学模式

提倡信息化主导下的“线上与线下、课堂与实训、学校教师与行业专家相结合”的混合式多元化教学模式。鼓励启发式、互动式、讨论式和案例式教学，激发学生学习兴趣，增强学生自主学习能力，注重培养学生的批判性思维，提高继续教育教学效果。

（五）实践教学

继续教育动物医学专业要求学生进行社会实习实践，具体实习实践事宜在动物医院或大型动物饲养场的兽医部门完成。具体要求在各科室轮岗实习实践，时间不少于半年。主要学习动物疾病临床诊断与治疗、动物疫病预防与控制技术，提高临床技能与沟通能力。临床实习实践应当在临床专业教师和执业兽医的指导下完成。实习实践结束后学生应提交实习实践报告并进行实习实践答辩。其中，临床实习实践报告应当采用病例报告的形式，以学生实习期间遇到的临床病例的病例记录、病例诊断、病例治疗和护理等为主要内容，给出对于病例的分析和体会，并给出参考文献。

（六）成绩考核

动物医学专业课程考核方式为网上考试、笔试、实作等。学生成绩主要由平时考核与期末考核组成，平时考核包括作业、网络问答、小测验，期末考核采用网上考试、笔试等方式，对于临床实践课程逐步试点期末实作考试。

六、师资队伍

（一）教师规模和结构

动物医学专业的专任教师不低于40人，具有硕士及以上学位的专任教师的比例在90%以上，各门专业课程教师的数量和梯队合理。拥有15人及以上专业素质较高的专职实验技术人员，有10人及以上的教师持有执业兽医师。

(二)专业背景和水平

除专业基础课程和畜牧学相关课程,其他专业课程任课教师必须具有动物医学专业的学科背景。担任临床课程的教师,须有执业兽医师资格证书且本科必须为动物医学专业(兽医专业)。专业课程任课教师一般具有博士学位,专业核心课程任课教师一般具有高级职称。

七、教学条件

(一)教学设施

学校为各专业提供数量充足、功能完善的教学设施;实现线上线下教学平台共享。

(二)信息资源

学校为各专业搭建网络在线学习平台,课程板块包含课程简介、学习内容、主题讨论、课程答疑、共享笔记、课程统计、课程通知。网络在线学习平台将开放知识点视频课程,加强实时交互答疑,课程学习在线辅导等,并对学习方法进行指导,对毕业论文进行辅导。在此基础上,加强网络平台的督学功能,定期通报学生在线学习情况,跟踪督促学生日常远程学习,学生也可以通过平台实时查询自己的学习情况。

学校为各专业提供数量充足、种类齐全的纸质和电子图书资源,配置满足教学需要的电子资源数据库以及检索工具,向学生推荐教材和必要的教学参考资料,为师生提供便捷的信息资源服务。

(三)教学经费

教学经费专指在专业教学各个环节发生的资源建设费用、教学运行费用与教学评估费用等。教学经费的投入应较好满足专业人才培养需求,并随教育事业经费的增长而稳定投入。教学经费不得用于非教学用途。

八、质量管理

（一）管理目标

本专业以学习者职业能力提升为目标，建立以培养目标、培养规格、课程体系、教学规范、专业师资、教学条件、教学过程、教学改革与研究、教学效果等为核心的质量管理目标体系，增加以质量监控为目标的毕业生质量跟踪机制，社会、用人单位等的评价与反馈机制。围绕质量管理目标要求，制定质量管理实施规范，建立教学管理制度、督导制度、评教制度、评学制度，建立信息反馈机制和调控改进机制，开展经常化和制度化的检查、监督和指导，对主要教学环节的教学质量实施全方位的监控与评估，确保对专业教学质量形成全过程的有效监控。

（二）质量规范

本专业以专业标准为基础，建立科学合理的质量评估指标体系，作为评估专业教育质量的基本依据。

本专业建设实时的教学质量状态数据库，围绕质量目标要求，开展经常化和制度化的质量评估，确保对教学质量形成有效监控，保障教学质量的持续提升和专业人才培养目标的充分实现。对专业教学的投入质量、过程质量和产出质量进行管理，其中投入质量保障主要包含基础设施建设、师资培养培训和各种支持服务等。过程质量保障主要指技术标准，不断制定新的教学标准或课程标准，建立教学质量的诊断与改进机制。产出质量保障主要是对学生学习有效性的监测，通过对学生满意度、教师满意度和单位及公司满意度的调查，建立质量评估机制，对产出质量进行监控。根据对质量监控的评估和分析，针对人才培养过程中存在的问题，及时采取纠正与预防措施，并进行持续改进，保证教学质量的不断提高和专业人才培养目标的实现，确保继续教育的“职业效度”。

继续教育计算机科学与技术专业标准

培养层次:专升本

专业代码:080605

一、专业概述

计算机科学与技术是研究计算机的设计与制造,并利用计算机进行有关的信息表示、收发、存储、处理、控制等的理论方法和技术的学科。现代社会是信息社会,信息技术是信息社会的核心,计算机科学与技术在科技、生产、教育、金融、贸易和国防有着极其广泛的应用。因此,计算机科学与技术专业的就业前景非常广泛。

西南大学计算机科学与技术专业是计算机类专业之一。本专业于1984年开始招生,是学校信息技术领域最早开始招收本科生的专业。拥有计算机科学与技术一级学科硕士学位授权点和智能计算与复杂网络二级学科博士点。有计算机应用技术、计算机软件与理论、计算机系统结构等方向的科研与创新平台。现拥有专业教师41人,博士比例超过54%,师资力量雄厚。本专业有国家精品课程、双语课程,重庆市精品课程、双语课程,以及重庆市优秀教学团队。同时拥有计算机应用技术重庆市重点学科、重庆市智能软件与软件工程重点实验室、重庆市智能仪表及控制装备工程技术研究中心、重庆市计算机科学实验教学示范中心,以及智能软件研究室、软件工程研究室、信号处理研究室等10多个学术研究室。各类功能的教学实验室配置完善,设备先进,利用率高,完全可以满足专业实践教学需要。本专业每年招生生源充足、志愿录取率90%以上;就业率3年来平均93%以上,毕业生综合素质高,用人单位评价高,对毕业生满意和比较满意率高达85%以上。

二、培养目标

培养具有良好的道德与修养，遵守法律规范，具有良好的职业与人文素养以及社会和环境意识，系统掌握计算机软硬件与网络的基本理论知识和技能，具备较强的逻辑分析、演绎推理、数据分析能力，知识面广，实践能力强，善于自学创新，适应计算机的飞速发展的国际化综合应用型技术人才。毕业后能够在各类企事业单位、学校、政府机关、IT行业等，从事网络管理工程师、硬件与技术工程师、JAVA开发工程师、数据分析师等相关工作。

三、培养规格

（一）学习年限

计算机科学与技术专业的基本学习年限为2.5年，最长学习年限为6年。

（二）毕业条件与授予学位

(1)毕业条件：最低毕业学分为80学分。本专业学生在规定学习年限内修完专业教学计划规定的全部课程，取得所学专业规定的总学分，完成教学规定的环节，毕业鉴定合格，可准予毕业。

(2)授予学位：获得毕业证书，通过学位英语考试，且学习期间表现良好，毕业论文等级在良好及以上、所有科目平均分在70分及以上、补考课程累计少于4门者，可以申请理学学士学位。

（三）人才培养要求

1.思想方面

培养坚决拥护中国共产党的领导，热爱祖国，具有对社会、人类的高度责任感，具有正确的世界观、人生观、价值观，具有良好的学风、高尚的社会公德和健康的心理素质，德智体美劳全面发展的社会主义建设者和接班人。

2. 知识方面

(1)具备一定的人文社会科学知识、自然科学知识和创新创业的相关知识。

(2)系统掌握计算机硬件、软件与应用的基础理论知识和专业知识。

(3)了解计算机应用前景、发展动态、行业需求。

(4)了解与本专业相关职业和行业的方针、政策、法律和法规,能够正确认识计算机技术对人、对教育、对社会发展的影响。

(5)掌握工具性知识,包括外语、文献检索、研究方法和论文写作等。

3. 能力方面

(1)掌握软硬件系统分析、设计、开发、维护与研究的方法,能够胜任与计算机相关的软件开发、系统设计、信息处理与分析、软硬件系统管理与维护等工作。

(2)具有较强的逻辑分析、演绎推理和数据分析能力,掌握一定的数据分析方法与工具,能够从事数据分析工作。

(3)具有独立工作能力和团队合作能力。

(4)具有初步的外语应用能力,能阅读本专业外文资料,具有国际视野和跨文化交流能力。

4. 态度方面

(1)认同计算机科学与技术相关工作的意义和专业性,积极进取,乐于奉献,适应能力强,理解并坚守职业道德规范。

(2)践行社会主义核心价值观,增进对中国特色社会主义的思想认同、政治认同、理论认同和情感认同。

(3)具有自主发展、终身学习的意识和习惯。

四、课程体系

(一)课程分类结构

课程体系包括公共基础课程、专业课程、实践教学课程和创新创业课程四大类课程。

公共基础课程包括公共基础必修课程和公共基础选修课程。公共基础必修课程包括大学英语、计算机应用基础、毛泽东思想和中国特色社会主义理论体系概论等。公共基础选修课程由学校统一开设,学生选修4学分。

专业课程包括专业必修课程和专业选修课程。

实践教学课程包括毕业论文、实习等。

创新创业课程包括学生发表的科研论文、获得的职业资格证书、创业等。

(二)课程学分结构

本专业学生毕业须修满80学分及以上,学分构造情况见表2-13。

表2-13 计算机科学与技术专业课程学分结构表

课程类别		学分	比例	备注
公共基础课程	公共基础必修课程	12	15%	包括大学英语、计算机应用基础、毛泽东思想和中国特色社会主义理论体系概论等
	公共基础选修课程	4	5%	学校统一开设
专业课程	专业必修课程	45	56.25%	
	专业选修课程	12	15%	
实践教学课程		7	8.75%	
创新创业课程				发表的科研论文经专家论证后可以代替专业选修课程学分,获得的职业资格证书经专家论证后可以免考相应专业类课程,创业实绩经专家论证后可以代替实践教学课程学分
合计		80	100%	

五、教学规范

(一)教学计划

教学计划是学校保证教学质量和人才培养规格的重要文件,是组织教学过程、安排教学任务的基本依据,应保持相应稳定,并适时修订。执行过程中如需变动,应遵循规范的论证和审批手续。

表2-14　计算机科学与技术专业课程教学计划表

课程类别	课程名称	学分	课程时数	自学时数	建议开课学期	考核形式	备注
公共基础必修课程	大学英语(B)	4	72	120	1	统考	
	毛泽东思想和中国特色社会主义理论体系概述	4	72	120	1	网考	
	计算机应用基础	4	72	120			
公共基础选修课程	学校统一开设						
专业必修课程	操作系统原理	5	90	150	2	笔试	
	网站建设与管理	5	90	150	2	笔试	
	算法设计与分析	5	90	150	2	笔试	
	计算机网络技术	5	90	150	2	笔试	
	面向对象程序设计语言(C++)	5	90	150	2	笔试	
	编译原理	5	90	150	3	笔试	
	数据结构	5	90	150	3	笔试	
	软件工程	5	90	150	4	笔试	
	专业英语	5	90	150	4	笔试	

续表

课程类别		课程名称	学分	课程时数	自学时数	建议开课学期	考核形式	备注
专业选修课程	网络管理员与网络工程师	网络操作系统	3	54	90	3		选修12学分
		网络数据库	2	36	60	3		
		局域网的网络组建与维护	2	36	60	3		
		网络设备应用与维护	3	54	90	4		
		网络安全原理与应用	3	54	90	4		
	硬件与技术支持工程师	Web开发概述（HTML）	2	36	60	3		
		微机系统与接口技术	3	36	60	3		
		局域网的网络组建与维护	2	36	60	3		
		计算机组装与维修	3	36	60	4		
		嵌入式系统及应用开发	3	36	60	4		
	JAVA开发工程师	Web开发概述（HTML）	2	36	60	3		
		网络数据库	2	36	60	3		
		JAVA语言	3	54	90	3		
		Python基础教程	3	54	90	4		
		企业级软件开发平台（J2EE）	3	54	90	4		

续表

课程类别		课程名称	学分	课程时数	自学时数	建议开课学期	考核形式	备注
专业选修课程	数据分析师	JAVA语言	3	54	90	3		选修12学分
		数据分析软件	3	54	90	3		
		数据库技术(Mysql、Oracle、hadoop等)	3	54	90	3		
		数据分析方法	2	36	60	4		
		Python 3 基础教程	3	54	90	4		
实践教学课程		毕业论文(设计)	6			5		
		社会实践	1			5		
创新创业课程		学生发表的科研论文经专家论证后可以替代专业选修课程学分,学生获得的职业资格证书经专家论证后可以免考相应专业类课程,学生创业实绩经专家论证后可以替代实践课程(环节)学分						
说明		学生在其他教育机构学习获得的课程学分经专家论证后可以转化为相应课程学分						

(二)教学大纲

教学大纲是实施教学和考核的依据。列入教学计划的各门课程或实践教学环节,应在开课前制定科学合理的教学大纲。教学大纲一般应包括课程性质与简介、先修课程、教学时数、各章节知识要点、教材、参考书、教学方法、教学手段、教学进度安排和考核方式等。教学大纲一经确定必须严格执行。

(三)教材选用

高度重视教材建设,建立完善的教材选用制度。思想政治理论课程、“马工程”课程按国家规定选用教材,其他课程要选用优秀的继续教育教材。

（四）教学模式

提倡信息化主导下的“线上与线下、课堂与实训、学校教师与行业专家相结合”的混合式多元化教学模式。鼓励启发式、互动式、讨论式和案例式教学，激发学生学习兴趣，增强学生自主学习能力，注重培养学生的批判性思维，提高继续教育教学效果。

（五）实践教学

继续教育计算机科学与技术专业要求学生进行社会实践活动。实习实践应选择在具有一定知名度和影响力的企事业单位或教育部门，从事网络管理与网络工程、硬件与技术支持、JAVA开发工程或数据分析等与计算机科学与技术相关的工作，时间不能少于半年。社会实践结束后，学生应提交岗位实践成绩评定表和岗位实践报告各一份。其中，岗位实践报告的字数不能少于1500字。然后进行实习实践答辩。根据实习实践单位的评语和成绩评定，实践报告以及答辩情况进行成绩评定。

（六）成绩考核

公共选修课程的考核方式主要采用形成性考核评价，课程成绩由网上学习和作业（测验）组成，其余课程采用课程形成性考核评价和课程终结性考核评价相结合的课程考核评价方式。课程期末考核方式分为网考、笔试、实作等几类。课程成绩一般由作业、网上学习、期末成绩等三部分组成。

六、师资队伍

（一）教师规模和结构

专业教师数量和结构满足本专业需求。专业课程至少配备40名及以上专任教师。原则上，每门核心课程至少配备1—2名专任教师。结构上，年龄结构、学历结构、知识结构和学缘结构合理，学缘相同的教师比例原则上不高于50%。

(二)专业背景和水平

师资队伍具有良好的专业教育背景,知识结构合理,能够满足专业教育发展的要求。专业教师一般具有3年及以上本学科专业教育或研究背景,实践性强的课程的专业教师具有实务工作背景或实务经验。

七、教学条件

(一)教学设施

学校为各专业提供数量充足、功能完善的教学设施;实现线上线下教学平台共享。

(二)信息资源

学校为各专业搭建网络在线学习平台,课程板块包含课程简介、学习内容、主题讨论、课程答疑、共享笔记、课程统计、课程通知。网络在线学习平台将开放知识点视频课程,加强实时交互答疑,课程学习在线辅导等,并对学习方法进行指导,对毕业论文进行辅导。在此基础上,加强网络平台的督学功能,定期通报学生在线学习情况,跟踪督促学生日常远程学习,学生也可以通过平台实时查询自己的学习情况。

学校为各专业提供数量充足、种类齐全的纸质和电子图书资源,配置满足教学需要的电子资源数据库以及检索工具,向学生推荐教材和必要的教学参考资料,为师生提供便捷的信息资源服务。

(三)教学经费

教学经费专指在专业教学各个环节发生的资源建设费用、教学运行费用与教学评估费用等。教学经费的投入应较好满足专业人才培养需求,并随教育事业经费的增长而稳定投入。教学经费不得用于非教学用途。

八、质量管理

(一)管理目标

本专业以学习者职业能力提升为目标,建立以培养目标、培养规格、课程体系、教学规范、专业师资、教学条件、教学过程、教学改革与研究、教学效果等为核心的质量管理目标体系,增加以质量监控为目标的毕业生质量跟踪机制,社会、用人单位等的评价与反馈机制。围绕质量管理目标要求,制定质量管理实施规范,建立教学管理制度、督导制度、评教制度、评学制度,建立信息反馈机制和调控改进机制,开展经常化和制度化的检查、监督和指导,对主要教学环节的教学质量实施全方位的监控与评估,确保对专业教学质量形成全过程的有效监控。

(二)质量规范

本专业以专业标准为基础,建立科学合理的质量评估指标体系,作为评估专业教育质量的基本依据。

本专业建设实时的教学质量状态数据库,围绕质量目标要求,开展经常化和制度化的质量评估,确保对教学质量形成有效监控,保障教学质量的持续提升和专业人才培养目标的充分实现。对专业教学的投入质量、过程质量和产出质量进行管理,其中投入质量保障主要包含基础设施建设、师资培养培训和各种支持服务等。过程质量保障主要指技术标准,不断制定新的教学标准或课程标准,建立教学质量的诊断与改进机制。产出质量保障主要是对学生学习有效性的监测,通过对学生满意度、教师满意度和单位及公司满意度的调查,建立质量评估机制,对产出质量进行监控。根据对质量监控的评估和分析,针对人才培养过程中存在的问题,及时采取纠正与预防措施,并进行持续改进,保证教学质量的不断提高和专业人才培养目标的实现,确保继续教育的“职业效度”。

第三部分　人文社科继续教育标准(举要)

继续教育行政管理专业标准

培养层次:专升本

专业代码:120402

一、专业概述

行政管理是运用国家权力对社会事务的一种管理活动,也可以泛指一切企事业单位的行政事务管理工作。行政管理系统作为组织系统的一类,是社会系统的一个重要分系统。随着社会的发展,行政管理的对象日益广泛,包括经济建设、文化教育、市政建设、社会秩序、公共卫生、环境保护等各个方面。现代行政管理多应用系统工程思想和方法,以减少人力、物力、财力和时间的支出与浪费,提高行政管理的效能和效率。

西南大学行政管理专业最早可追溯到在1991年开办的行政管理专业证书培训班和行政管理专业大专班,2005年设立政治与公共管理学院,行政管理本科专业也于当年正式招生,2017年公共管理一级学科入选重庆市“十三五”重点学科。经过多年发展,本专业已在基层政府治理、公共组织行为、人力资源管理以及社会治理等方面形成了特色和优势。目前具有学士、硕士、MPA专业学位(公共管理硕士)等学位授予权,所培养的学生主要从事党政机关、企事业单位和社会组织的行政管理工作。

西南大学校行政管理专业继续教育平台起点高、优势和特色突出、师资队伍强。本专业将继续主动适应国家战略和经济社会发展需要，以及学习者所在地区的经济社会发展需要，以满足学习者学习发展需求为导向，以学习者职业能力提升为重点，遵循高等教育规律和职业人才成长规律，为党政机关、企事业单位、社会组织等部门培养具有较高综合素养、适应行政管理职业发展需要、具有创新意识的应用型人才。

二、培养目标

十九大报告提出，办好继续教育，加快建设学习型社会，大力提高国民素质。这为我国继续教育的发展提供了难得的历史机遇，也为继续教育的进一步发展提出了更高的要求。

结合西南大学校行政管理专业的办学特色和优势，本专业继续教育主要培养掌握系统的行政管理以及其他管理理论、知识和方法，能在党政机关、企事业单位、社会组织等部门从事管理、政策实施、行政秘书、政策研究、组织协调等方面工作的公共管理应用型人才。要求学生在毕业时，初步具备管理学、行政学、公共政策学、政治学、法学等方面的基本理论和基本知识，以及公共政策分析、社会调查与统计、管理实践应用等方面的实践知识，并掌握应用行政管理相关知识的基本能力，从而能在党政机关、企事业单位和社会组织等顺利从事行政管理工作。

三、培养规格

(一)学习年限

行政管理专业的基本学习年限为2.5年，最长学习年限为6年。

(二)毕业条件与授予学位

(1)毕业条件：本专业最低毕业学分80学分，学生修满培养方案规定的学分,完成教学规定的环节,方可毕业。

(2)授予学位:符合西南大学成人教育学生学士学位申请条件的,可申请管理学学士学位。

(三)人才培养要求

1.思想方面

培养坚决拥护中国共产党的领导,热爱祖国,具有对社会、人类的高度责任感,具有正确的世界观、人生观、价值观,具有良好的学风、高尚的社会公德和健康的心理素质,德智体美劳全面发展的社会主义建设者和接班人。

2.知识方面

在知识方面应达到如下要求:

(1)掌握公共管理学科的基本理论、基本知识、基本体系。

(2)在了解公共政策学的发展历史和演进历史的基础上,理解公共政策的基本概念、理论框架和基本要素。

(3)了解行政管理理论的历史演变、中国传统行政管理思想等内容。

(4)较为熟悉我国行政管理和社会管理的方针、政策和法规,在实施具体的管理活动过程中应遵循的基本法律、法规。

(5)正确认识以政府为主体的公共部门的结构、运作方式等相关内容,熟悉公共管理决策的形成与实施过程。

3.能力方面

在能力方面应达到如下要求:

(1)能够了解行政管理、政府管理与社会管理的理论前沿,如非营利组织、公共部门战略管理等。

(2)了解公共政策分析的价值观念、思维方法,初步掌握具体的分析技术,熟悉公共政策制定、实施的主体和途径,了解我国公共政策实施中的主要历史经验和教训。

(3)具备初步的行政沟通能力、行政写作能力、案例制作分析能力,以及运用公共管理学科理论指导实践的能力。

(4)初步掌握公共管理学科的专业技能,具有初步的科学研究、实际工作能力。

4.态度方面

在态度方面应达到如下要求:

(1)对党和国家的路线、方针、政策等高度认同。

(2)了解公务员和其他行政岗位的义务、权利等,树立依法科学管理的公务意识。

(3)具有较强的服务意识和奉献精神。

四、课程体系

(一)课程分类结构

课程体系包括公共基础课程、专业课程、实践教学课程和创新创业课程四大类课程。

公共基础课程包括公共基础必修课程和公共基础选修课程。公共基础必修课程包括大学英语、计算机应用基础、毛泽东思想和中国特色社会主义理论体系概论等。公共基础选修课程由学校统一开设,学生选修4学分。

专业课程包括专业必修课程和专业选修课程。

实践教学课程包括毕业论文、实习等。

创新创业课程包括学生发表的科研论文、获得的职业资格证书、创业等。

(二)课程学分结构

本专业学生毕业须修满80学分及以上,学分构造情况见表3-1。

表3-1 行政管理专业课程学分结构表

<table>
<tr><th colspan="2">课程类别</th><th>学分</th><th>比例</th><th>备注</th></tr>
<tr><td rowspan="2">公共基础课程</td><td>必修课程</td><td>12</td><td>15%</td><td></td></tr>
<tr><td>选修课程</td><td>4</td><td>5%</td><td></td></tr>
<tr><td rowspan="2">专业课程</td><td>必修课程</td><td>45</td><td>56.25%</td><td rowspan="2"></td></tr>
<tr><td>选修课程</td><td>12</td><td>15%</td></tr>
<tr><td rowspan="2">实践教学课程</td><td>毕业论文</td><td>6</td><td>7.5%</td><td rowspan="2"></td></tr>
<tr><td>社会实践</td><td>1</td><td>1.25%</td></tr>
<tr><td rowspan="3">创新创业课程</td><td>科研</td><td rowspan="3"></td><td rowspan="3"></td><td rowspan="3"></td></tr>
<tr><td>技能</td></tr>
<tr><td>创业</td></tr>
</table>

五、教学规范

(一)教学计划

教学计划是学校保证教学质量和人才培养规格的重要文件,是组织教学过程、安排教学任务的基本依据,应保持相应稳定,并适时修订。执行过程中如需变动,应遵循规范的论证和审批手续。

表3-2 行政管理专业课程教学计划表

课程类别	课程名称	学分	课程时数	自学时数	建议开课学期	考核形式	备注
公共基础必修课程	大学英语(B)	4	72	120	1	统考	
	计算机应用基础	4	72	120	1	统考	
	毛泽东思想和中国特色社会主义理论体系概论	4	72	120	1	网考	
公共基础选修课程	通识课1	2	36	60	1	网考	
	通识课2	2	36	60	2	网考	

续表

课程类别	课程名称	学分	课程时数	自学时数	建议开课学期	考核形式	备注
专业必修课程	公务员制度(王琦)	5	90	150	2	闭卷	
	社会科学研究方法(诸彦含)	5	90	150	2	网考	
	地方政府管理(杨宇霞)	5	90	150	3	网考	
	行政伦理学(申丽娟)	5	90	150	2	闭卷	
	行政法学(杨阳)	5	90	150	3	网考	
	公共管理学(王作军)	5	90	150	3	闭卷	
	公共财政学(王德新)	5	90	150	3	网考	
	电子政务(王崧)	5	90	150	3	闭卷	
	战略管理(王作军)	5	90	150	4	网考	
专业选修课程	模块一:行政决策与执行						选修12学分
	行政改革理论与实务(王斌)	3	54	90	4	网考	
	领导科学(彭朝荣)	3	54	90	4	网考	
	比较行政学(张焕英)	3	54	90	2	网考	
	公共政策学(亢犁)	3	54	90	4	网考	
	公共危机管理★(限选)	3	54	90	4	网考	
	机关管理原理与方法★(限选)	3	54	90	4	网考	
	模块二:行政组织与协调						
	管理沟通(魏勇)	3	54	90	4	网考	
	管理思想史(江凌)	3	54	90	2	网考	
	行政组织学(张焕英)	3	54	90	4	网考	
	领导科学(彭朝荣)	3	54	90	4	网考	
	公共危机管理★(限选)	3	54	90	4	网考	
	机关管理原理与方法★(限选)	3	54	90	4	网考	
实践教学课程	毕业论文	6			5	实作	
	社会实践	1			5	实作	
创新创业课程	科研						
	技能						
	创业						

（二）教学大纲

教学大纲是实施教学和考核的依据。列入教学计划的各门课程或实践教学环节,应在开课前制定科学合理的教学大纲。教学大纲一般应包括课程性质与简介、先修课程、教学时数、各章节知识要点、教材、参考书、教学方法、教学手段、教学进度安排和考核方式等。教学大纲一经确定必须严格执行。

（三）教材选用

高度重视教材建设,建立完善的教材选用制度。思想政治理论课程、“马工程”课程按国家规定选用教材,其他课程要选用优秀的继续教育教材。

（四）教学模式

提倡信息化主导下的“线上与线下、课堂与实训、学校教师与行业专家相结合”的混合式多元化教学模式。鼓励启发式、互动式、讨论式和案例式教学,激发学生学习兴趣,增强学生自主学习能力,注重培养学生的批判性思维,提高继续教育教学效果。

（五）实践教学

实践教学包括社会实践、毕业论文。

实践教学要求:强化实践教学各环节的管理和考核,对毕业论文等实践教学进度进行有效监控;注重对实践教学效果进行评价,避免相关教学活动流于形式。

（六）成绩考核

行政管理专业课程考核方式为网上考试、笔试、实作等。学生成绩主要由平时考核与期末考核组成,平时考核包括作业、网络问答、小测验,期末考核采用网上考试、笔试等方式,对于实践教学课程逐步试点期末实作考试。

六、师资队伍

(一)教师规模和结构

在教师数量上,行政管理专业现有专职教师22人,其中教授4人,副教授10人,90%的教师具有博士学位(或正在攻读博士),并具有法学、公共管理学等专业知识背景。每门核心课程至少配备1—2名专任教师。教师年龄结构上,老中青相结合。

(二)专业背景和水平

除专业基础课程和行政管理学相关课程,其他专业课程任课教师必须具有公共管理专业的学科背景。专业课程任课教师一般具有博士学位,毕业于四川大学、中山大学、华中科技大学、武汉大学等全国知名高校。专业核心课程任课教师一般具有高级或副高级职称。担任实践课程的教师,须有相关资格证书且本科必须为公共管理专业。

七、教学条件

(一)教学设施

学校为各专业提供数量充足、功能完善的教学设施;实现线上线下教学平台共享。

(二)信息资源

学校为各专业搭建网络在线学习平台,课程板块包含课程简介、学习内容、主题讨论、课程答疑、共享笔记、课程统计、课程通知。网络在线学习平台将开放知识点视频课程,加强实时交互答疑,课程学习在线辅导等,并对学习方法进行指导,对毕业论文进行辅导。在此基础上,加强网络平台的督学功能,定期通报学生在线学习情况,跟踪督促学生日常远程学习,学生也可以通过平台实时查询自己的学习情况。

学校为各专业提供数量充足、种类齐全的纸质和电子图书资源,配置满足教学需要的电子资源数据库以及检索工具,向学生推荐教材和必要的教学参考资料,为师生提供便捷的信息资源服务。

(三)教学经费

教学经费专指在专业教学各个环节发生的资源建设费用、教学运行费用与教学评估费用等。教学经费的投入应较好满足专业人才培养需求,并随教育事业经费的增长而稳定投入。教学经费不得用于非教学用途。

八、质量管理

(一)管理目标

本专业以学习者职业能力提升为目标,建立以培养目标、培养规格、课程体系、教学规范、专业师资、教学条件、教学过程、教学改革与研究、教学效果等为核心的质量管理目标体系,增加以质量监控为目标的毕业生质量跟踪机制,社会、用人单位等的评价与反馈机制。围绕质量管理目标要求,制定质量管理实施规范,建立教学管理制度、督导制度、评教制度、评学制度,建立信息反馈机制和调控改进机制,开展经常化和制度化的检查、监督和指导,对主要教学环节的教学质量实施全方位的监控与评估,确保对专业教学质量形成全过程的有效监控。

(二)质量规范

本专业以专业标准为基础,建立科学合理的质量评估指标体系,作为评估专业教育质量的基本依据。

本专业建设实时的教学质量状态数据库,围绕质量目标要求,开展经常化和制度化的质量评估,确保对教学质量形成有效监控,保障教学质量的持续提升和专业人才培养目标的充分实现。对专业教学的投入质量、过程质量和产出质量进行管理,其中投入质量保障主要包含基础设施建设、师资培养培训和各种支持服务等。过程质量保障主要指技术标准,不断制定新的教学标准或课程标准,建立教学质量的诊断与改进机制。产出质量保障主要是对学生学习有效性的监测,通过对学生满意度、教师满意度和单位及公司满意度的调查,建立质量评估机制,对产出质量进行监控。根据对质量监控的评估和分析,针对人才培养过程中存在的问题,及时采取纠正与预防措施,并进行持续改进,保证教学质量的不断提高和专业人才培养目标的实现,确保继续教育的"职业效度"。

继续教育汉语言文学专业标准

培养层次:专升本

专业代码:050101

一、专业概述

西南大学汉语言文学专业(师范)始建于1950年,吴宓、高亨、赖以庄等学术大师曾在此执教多年,积淀了深厚的人文底蕴,形成了优良的学术传统和鲜明的办学特色,现为国家特色专业、重庆市"三特行动计划"特色专业、重庆市一流专业,在全国尤其在西部地区有较大影响。

本专业所在的中国语言文学一级学科,为重庆市重点学科,1982年和2011年分别获得硕士和博士学位授予权,在教育部第四轮学科评估中评为B+等级,拥有博士后科研流动站。课程体系中有国家精品视频公开课1门,办学综合实力位居全国前列。

本专业立足西南、面向全国,以培养具有示范带动作用的卓越语文教育专业人才为目标,以较大的人才培养规模、较高的人才培养质量、良好的人才培养效果(学生几乎百分百就业),培养了大批优秀中学语文骨干教师和优秀教育工作者,为国家基础教育做出了突出贡献。

同时,本专业培养的继续教育应用型人才,不仅在中小学胜任语文教育工作,而且在新闻传媒、社会文化管理、企事业等单位胜任行政管理、新闻传媒等方面的工作,工作扎实,实践能力突出,受到用人单位的好评和欢迎。

二、培养目标

本专业培养的继续教育应用型人才,应具备较高的写作能力、文学鉴赏能力、语言文字应用等方面的能力,能在中小学、新闻传媒、社会文化管理等单位从事语文教学、行政管理、文化宣传、新闻传媒、编辑、文秘等方面的工作。

三、培养规格

(一)学习年限

汉语言文学专业的基本学习年限为2.5年。

(二)毕业条件与授予学位

(1)毕业条件:最低毕业学分为80学分。本专业学生在规定的学习年限内修完专业教学计划规定的全部课程,修满培养方案规定的学分,完成教学规定的实践应用环节,毕业鉴定合格,方可毕业。

(2)授予学位:在校期间表现良好,符合西南大学成人教育学生学士学位申请条件的,可申请文学学士学位。

(三)人才培养要求

1.思想方面

培养坚决拥护中国共产党的领导,热爱祖国,具有对社会、人类的高度责任感，具有正确的世界观、人生观、价值观，具有良好的学风、高尚的社会公德和健康的心理素质，德智体美劳全面发展的社会主义建设者和接班人。

2.知识方面

(1)掌握马克思主义的基本原理，掌握语言、文学、教育、写作等方面的基本理论。

(2)掌握汉语言文学的基础知识以及相关应用知识。

(3)了解我国关于语文教育的方针、政策和法规。

(4)了解汉语言文学教育的理论前沿和实践动态。

(5)掌握新闻传媒、社会文化管理、行政管理、文化宣传、文秘等方面的基础知识。

3.能力方面

(1)在熟悉汉语言文学主要知识点基础上掌握相关应用技能。

(2)受到较严格的语言、文学、写作、演说、辩论及教师基本素质的培养和基本能力的训练。

(3)基本掌握语言表达、文字应用、文学鉴赏、阅读写作、教育方法等方面的基本能力。

(4)熟悉教育法规，具有初步运用教育学、心理学基本理论和汉语言文学教学基本理论的能力，运用现代教育技术从事语文教学工作的基本能力。

(5)具有一定的科学研究和实际工作能力，掌握文献检索、资料分类汇总等基本操作方法，具有一定的批判性思维。

(6)熟练操作计算机，掌握一门外语。

4.态度方面

(1)具有高尚的师德修养和“仁爱博雅”的教育情怀，有理想信念、有道德情操、有卓越学识、有仁爱之心。

(2)具备正确的世界观、人生观、价值观和健全的人格,具备良好的道德品质与高度的社会责任感。

(3)热爱中华传统文化,践行社会主义核心价值观。

(4)具备一定的信息素养、科学素养、人文素养和求实创新意识。

(5)具备从事语文教学、行政管理、文化宣传、新闻传媒、编辑、文秘等方面工作的热情和责任感。

(8)能自主进行探究学习,能有效参与组织管理、交流沟通、团队合作。

四、课程体系

(一)课程分类结构

课程体系包括公共基础课程、专业课程、实践教学课程和创新创业课程四大类课程。

公共基础课程包括公共基础必修课程和公共基础选修课程。公共基础必修课程:大学英语、计算机应用基础、毛泽东思想和中国特色社会主义理论体系概论等。公共基础选修课程:通识课1、通识课2。由学校统一开设,学生选修4学分。

专业课程包括专业必修课程和专业选修课程。

专业必修课程:教育学、心理学、语言学概论、文字学、新文学思潮与流派、中国古代诗歌研究、西方文学与文化、民间文学、中国古代散文与小说研究。

专业选修课程:①教育教学模块:现代汉语语法与修辞专题、杜甫诗歌选讲与鉴赏、语文教学设计与案例分析、美学与人生。②行管、传媒模块:传播学、书法与鉴赏、秘书学概论、文化产业管理。

实践教学课程包括毕业论文、实习等。

创新创业课程包括学生发表的科研论文、获得的职业资格证书、创业等。

(二)课程学分结构

本专业学生毕业须修满80学分及以上,学分构造情况见表3-3。

表3-3 汉语言文学专业课程学分结构表

课程类别		学分	比例	备注
公共基础课程	公共基础必修课程	12	15%	包括大学英语、计算机应用基础、毛泽东思想和中国特色社会主义理论体系概论等
	公共基础选修课程	4	5%	学校统一开设
专业课程	专业必修课程	41	51.25%	共9门课。
	专业选修课程	16	20%	选修16学分
实践教学课程		7	8.75%	教育实习;毕业论文
创新创业课程		可替换学分或免考相应课程		发表的科研论文经专家论证后可以代替专业选修课程学分,获得的职业资格证书经专家论证后可以免考相应专业类课程,创业实绩经专家论证后可以代替实践教学课程学分
合计		80	100%	学生须修满培养方案规定的学分

五、教学规范

(一)教学计划

教学计划是学校保证教学质量和人才培养规格的重要文件,是组织教学过程、安排教学任务的基本依据,应保持相应稳定,并适时修订。执行过程中如需变动,应遵循规范的论证和审批手续。

表3-4　汉语言文学专业课程教学计划表

课程类别	课程名称	学分	自学时数	网络课程时数	辅导时数	建议开课学期	考核形式	备注
公共基础必修课程	大学英语(B)网教 大学英语(二)成教	4	120	72	20	1	统考 网考	网教 成教
	计算机应用基础	4	120	72	20	1	统考 网考	网教 成教
	毛泽东思想和中国特色社会主义理论体系概论	4	120	72	20	1	网考	
公共基础选修课程	通识课1	2	60	36	20	1	网考	统一开设
	通识课2	2	60	36	20	2	网考	
专业必修课程	教育学	3	90	54	20	2	网考	
	心理学	3	90	54	20	2	网考	
	语言学概论	6	180	108	20	2	笔试	面授
	文字学	5	180	108	20	2	网考	面授
	新文学思潮与流派	5	150	90	20	3	笔试	面授
	中国古代诗歌研究	5	150	90	20	3	笔试	
	西方文学与文化	5	150	90	20	3	笔试	面授
	民间文学	4	120	72	20	2	网考	
	中国古代散文与小说研究	5	150	90	20	4	网考	面授

续表

<table>
<tr><th colspan="2">课程类别</th><th>课程名称</th><th>学分</th><th>自学时数</th><th>网络课程时数</th><th>辅导时数</th><th>建议开课学期</th><th>考核形式</th><th>备注</th></tr>
<tr><td rowspan="8">专业选修课程</td><td rowspan="4">教育教学模块</td><td>现代汉语语法与修辞专题</td><td>4</td><td>120</td><td>72</td><td>20</td><td>3</td><td>网考</td><td rowspan="8">选修16学分</td></tr>
<tr><td>杜甫诗歌选讲与鉴赏</td><td>4</td><td>120</td><td>72</td><td>20</td><td>4</td><td>网考</td></tr>
<tr><td>语文教学设计与案例分析</td><td>4</td><td>120</td><td>72</td><td>20</td><td>4</td><td>网考</td></tr>
<tr><td>美学与人生</td><td>4</td><td>120</td><td>72</td><td>20</td><td>3</td><td>网考</td></tr>
<tr><td rowspan="4">行管、传媒模块</td><td>传播学</td><td>4</td><td>120</td><td>72</td><td>20</td><td>4</td><td>网考</td></tr>
<tr><td>书法与鉴赏</td><td>4</td><td>120</td><td>72</td><td>20</td><td>4</td><td>网考</td></tr>
<tr><td>秘书学概论</td><td>4</td><td>120</td><td>72</td><td>20</td><td>4</td><td>网考</td></tr>
<tr><td>文化产业管理</td><td>4</td><td>120</td><td>72</td><td>20</td><td>4</td><td>网考</td></tr>
<tr><td colspan="2" rowspan="2">实践教学课程</td><td>教育实习(或社会实践)</td><td>1</td><td></td><td></td><td></td><td>5</td><td>实作</td><td></td></tr>
<tr><td>毕业论文</td><td>6</td><td>550</td><td>18</td><td>20</td><td>5</td><td>实作</td><td></td></tr>
<tr><td colspan="2">创新创业课程</td><td colspan="8">学生发表的科研论文经专家论证后可以替代专业选修课程学分,学生获得的职业资格证书经专家论证后可以免考相应专业类课程,学生创业实绩经专家论证后可以替代实践课程(环节)学分</td></tr>
<tr><td colspan="2">说明</td><td colspan="8">学生在其他教育机构学习获得的课程学分经专家论证后可以转化为相应课程学分</td></tr>
</table>

(二)教学大纲

教学大纲是实施教学和考核的依据。列入教学计划的各门课程或实践教学环节,应在开课前制定科学合理的教学大纲。教学大纲一般应包括课程性质与简介、先修课程、教学时数、各章节知识要点、教材、参考书、教学方法、教学手段、教学进度安排和考核方式等。教学大纲一经确定必须严格执行。

(三)教材选用

高度重视教材建设,建立完善的教材选用制度。思想政治理论课程、“马工程”课程按国家规定选用教材,其他课程要选用优秀的继续教育教材。

(四)教学模式

积极开展混合式多元化教学模式。主要体现为课堂面授、课外阅读推荐和指导、课堂教学实作训练、专家讲座等多种教学形式相结合。同时鼓励师生利用多媒体,开展网络学习活动,将线上与线下结合起来,与时俱进,提高资源搜集、整合和开发的能力。

在课堂和课外学习中,鼓励开展启发式、互动式、讨论式和案例式教学,以激发学生学习兴趣,增强学生自主学习能力,注重培养学生的批判性思维,提高继续教育教学效果。

(五)实践教学

实践教学是继续教育汉语言文学专业教学活动的重要组成部分。

继续教育汉语言文学专业学生须按培养方案要求,有组织有计划地开展实践教学活动。

具体实践活动形式主要为教育实习和课堂教学实作训练。

要求:观摩听课、参与学习班级教育管理、课堂教学实习。旨在观摩学习教育教学方法,将所学知识和理论运用于实践,提升教学实践能力,并鼓励学生进行课堂观察,了解基础教育教学现状,把握学生心理,为今后的工作实践提供参照和奠基。实习实践结束后,学生应提交观摩听课记录、自主设计的教学方案及实习实践报告等。

时间:不少于一学期。

(六)成绩考核

汉语言文学专业课程考核方式主要有笔试、实作训练等。学生成绩主要由平时考核与期末考核组成。平时考核包括课堂作业、课外作业、问答、小测验。期末考核采用开卷考查、闭卷笔试、学科小论文等方式。课程成绩一般由作业、课堂表现、期末成绩等三部分组成。

六、师资队伍

(一)教师规模和结构

汉语言文学专业的专任教师不低于60人,具有硕士及以上学位的专任教师的比例在90%以上,各门专业课程教师的数量和梯队合理。胜任本专业继续教育教学的教师包含教授15人及以上、副教授25人及以上、具有博士学位的讲师10人及以上,团队年龄结构、知识结构和学缘结构合理,各专任教师均具有优秀的师德修养和过硬的专业素质。

(二)专业背景和水平

汉语言文学专业的师资队伍具有良好的专业教育背景,知识结构合理,能够满足专业教育发展的要求。课程体系中有国家精品视频公开课1门。

专业课程任课教师一般具有博士学位,专业核心课程任课教师一般具有高级职称。

专任教师均具有3年及以上本学科专业教育或研究背景,实践性较强的课程(如教育教学实作训练课)的专业教师均为教授或副教授且有基础教育教学的工作背景。

七、教学条件

(一)教学设施

学校为各专业提供数量充足、功能完善的教学硬件及软件设施;实现线上线下教学平台共享。

(二)信息资源

汉语言文学专业目前已有国家精品视频公开课1门,慕课1门,能够借助网络在线学习平台,开放部分相关视频课程,加强课后交互答疑和辅导,并对学习方法进行指导。在此基础上,可以做到定期反馈学生在线学习情况,跟踪督促学生日常学习;学生也可以通过平台进行学习、提问、小结、完成作业及成绩查询等活动。

学生和教师均可以借助学校图书馆及汉语言文学专业资料室获取便捷的信息资源服务。师生可以查阅数量充足、种类齐全的纸质和电子图书资源,可充分利用教学需要的电子资源数据库以及检索工具,获得纸质或电子教材以及必要的教学参考资料。

(三)教学经费

汉语言文学专业在专业教学各个环节发生的资源建设费用、教学运行费用与教学评估费用等均遵循严格的预决算和财务管理制度。所有教学经费的投入旨在较好地满足专业人才培养需求,并将随教育事业经费的增长而稳定投入。

八、质量管理

(一)管理目标

汉语言文学专业以继续教育学生的职业能力提升为目标,建立以培养目标、培养规格、课程体系、教学规范、专业师资、教学条件、教学过程、教学改革与研究、教学效果等为核心的质量管理目标体系,增加以质量监控为目标的毕业生质量跟踪机制,社会、用人单位等的评价与反馈机制。围绕质量管理目标要求,本专业制定质量管理实施规范,建立教学管理制度、督导制度、评教制度、评学制度,建立信息反馈机制和调控改进机制,开展经常化和制度化的检查、监督和指导,对主要教学环节的教学质量实施全方位的监控与评估,确保对专业教学质量形成全过程的有效监控。

(二)质量规范

汉语言文学专业以本专业标准为基础,建立科学合理的质量评估指标体系,作为评估专业教育质量的基本依据。

本专业建设实时的教学质量状态数据库，围绕质量目标要求，开展经常化和制度化的质量评估，确保对教学质量形成有效监控，保障教学质量的持续提升和专业人才培养目标的充分实现。对专业教学的投入质量、过程质量和产出质量进行管理。投入质量保障：主要包含教育教学的基础设施建设、师资培养培训和各种支持服务。过程质量保障：主要包括对课程教学标准、教学评价机制的改进优化。产出质量保障：主要包括学生学习的有效性监测，通过对学生满意度、教师满意度和用人单位满意度的调查，建立质量评估机制、评估信息反馈，对学生毕业及就业质量进行监控。并在此基础上进行评估和分析，针对相关问题采取纠正与预防措施，并持续改进，保证教学质量的不断提高和专业人才培养目标的实现，确保继续教育的“职业效度”。

继续教育历史学（教育）专业标准

培养层次：专升本

专业代码：060101

一、专业概述

历史学是社会科学的重要组成部分，是一切社会科学的基础。历史学（教育）专业的主要任务是培养具有一定的马克思主义基本理论素养和系统的专业基本知识，有进一步培养潜能的史学专门人才，以及能在国家机关、文教事业、新闻出版、文博档案及企事业单位从事实际工作的应用型、复合型高级专门人才。

历史学是西南大学传统基础学科，历史悠久，积淀深厚，师资雄厚，一直致力于培养基础教育历史教师。历史文化学院现有中国史一级学科博士后科研流动站,中国史一级学科博士学位授权点,世界史一级学科博士学位授权点,古典学交叉学科博士学位授权点,民族学一级学科硕士学位授权点,历史教育硕士(含高师硕士)授予权。中国史为重庆市重点一级学科,历史地理研究所为重庆市人文社科重点研究基地,抗战大后方研究中心为重庆市协同创新中心。另建有伊朗研究中心、古典文明研究所、美国研究中心、于右任研究中心、山地文化与区域社会经济发展研究中心、商周青铜器与金文研究所、西南大学跨国苗族研究中心等院级研究机构。现有专任教师64人,其中教授21人,副教授25人,43人有博士学位。西南大学历史学(教育)继续教育本科专业沿袭20世纪80年代末开始的函授本科教育,已有近30年办学历史。经过数十年的改革发展、创新积累,形成了继续教育历史学(教育)专业的四大特色:教师队伍学科性与教育性并重;课程设置关注针对性、实践性与实用性;考核方式根据远程学习特点突出过程性与多样性;学习管理体现制度化与灵活性的统一,彰显人性化。

二、培养目标

继续教育历史学(教育)专业,主要面向具有专科或同等学力水平的在职从业人员,旨在根据学习者职业发展和社会需求,培养具有较高的德智体美劳综合素养,具备历史学和教育教学基本理论知识以及历史教育实践性知识与技能,能在基础教育阶段从事中学历史教学与研究的应用型人才,也可在文史馆、博物馆、档案馆等部门从事管理与研究的综合型人才。

三、培养规格

(一)学习年限

历史学(教育)专业的基本学习年限为2.5年,最长学习年限为6年。

(二)毕业与授予学位

(1)毕业条件:本专业最低毕业学分80学分,课程数不少于18门,学生修满培养方案规定的学分,完成教学规定的环节,方可毕业。

(2)授予学位:获得毕业证书,通过学位英语考试,且学习期间表现良好、论文等级在良好及以上、所有科目平均分在70分及以上、补考课程累计少于4门者,可申请历史学学士学位。

(三)人才培养要求

1.思想方面

培养坚决拥护中国共产党的领导,热爱祖国,具有对社会、人类的高度责任感,具有正确的世界观、人生观、价值观,具有良好的学风、高尚的社会公德和健康的心理素质,德智体美劳全面发展的社会主义建设者和接班人。

2.知识方面

(1)系统掌握历史学和历史教育教学的基本理论和知识,夯实知识基础,拓展知识视野。

(2)掌握历史学科的基本方法和中学历史教学设计与实施的基本方法。

(3)了解历史学及历史教育教学的前沿理论、发展动态及行业需求。

(4)掌握文献检索、资料分类汇总等基本操作方法。

3.能力方面

(1)能运用所学的历史学和历史教学理论、知识与方法开展历史教学。

(2)具有较强的教学研究能力,具有一定的批判性思维和创新精神。

(3)能从事与历史学相关(如文史馆、博物馆、档案馆等部门)的管理与研究工作。

(4)熟练操作计算机,掌握一门外语。

4.态度方面

(1)熟悉并领会党和政府关于人才培养、教育教学改革的方针、政策和法规。

(2)热爱并认同教育和文化工作,恪守职业道德。

(3)具备一定的信息素养和人文素养,具备求真求实和创新精神。

(4)具有良好的沟通与协作能力,能有效参与组织管理工作。

四、课程体系

(一)课程分类结构

课程体系包括公共基础课程、专业课程、实践教学课程和创新创业课程四大类课程。

公共基础课程包括公共基础必修课程和公共基础选修课程。公共基础必修课程包括大学英语、计算机应用基础、毛泽东思想和中国特色社会主义理论体系概论等。公共基础选修课程由学校统一开设,学生选修4学分。

专业课程包括专业必修课程和专业选修课程。

实践教学课程包括毕业论文、实习等。

创新创业课程包括学生发表的科研论文、获得的职业资格证书、创业等。

(二)课程学分结构

本专业学生毕业须修满80学分及以上,学分构造情况见表3-5。

表3-5 历史学(教育)专业课程学分结构表

课程类别		学分	比例	备注
公共基础课程	公共基础必修课程	12	12%	包括大学英语、计算机应用基础、毛泽东思想和中国特色社会主义理论体系概论等
	公共基础选修课程	4	4%	学校统一开设
专业课程	专业必修课程	42	42%	
	专业选修课程	21	21%	
实践教学课程		9	9%	

续表

课程类别	学分	比例	备注
创新创业课程	12	12%	发表的科研论文经专家论证后可以代替专业选修课程学分，获得的职业资格证书经专家论证后可以免考相应专业类课程，创业实绩经专家论证后可以代替实践教学课程学分
合计	100	100%	

五、教学规范

（一）教学计划

教学计划是学校保证教学质量和人才培养规格的重要文件，是组织教学过程、安排教学任务的基本依据，应保持相应稳定，并适时修订。执行过程中如需变动，应遵循规范的论证和审批手续。

表3-6　历史学（教育）专业课程教学计划表

课程类别	课程名称	学分	自学时数	网络课程时数	辅导时数	实践时数	建议开课学期	考核形式	开闭卷	备注
公共基础必修课程	大学英语（B）	4	120	72	20		1	统考 网考		网教 成教
	计算机应用基础	4	120	72	20		1	统考 网考		网教 成教
	邓小平教育思想	4	120	72	20		1	网考		
公共基础选修课程	通识课1	2	60	36	20		1	论文		统一开设
	通识课2	2	60	36	20		2	论文		

续表

课程类别	课程名称	学分	自学时数	网络课程时数	辅导时数	实践时数	建议开课学期	考核形式	开闭卷	备注
专业必修课程	中国政治制度史	4	120	72	20		1	网考	开卷	面授
	中国经济史	4	120	72	20		2	网考	开卷	
	世界政治制度史	4	120	72	20		1	笔试	闭卷	面授
	世界经济史	4	120	72	20		2	网考	开卷	面授
	中国文化遗产	4	120	54	20	18	2	网考	开卷	
	西方文化遗产	4	120	54	20	18	2	网考	开卷	面授
	史学概论	4	120	72	20		3	网考	开卷	
	历史学科教学论	4	120	54	20	18	2	网考	开卷	
	历史教学案例研讨	4	120	18	20	54	3	网考	案例	
	历史教学研究与论文写作	2	60	18	20	18	3	网考	论文	
	教育学	2	60	36	20		1	网考	开卷	
	心理学	2	60	36	20		1	网考	开卷	
专业选修课程	历史课程标准解读	3	90	36	20	18	4	网考	开卷	
	中学历史教学评价	3	90	18	20	36	4	网考	设计	
	中学历史教学设计	3	90	18	20	36	4	网考	设计	
	中华人民共和国史	3	90	54	20		3	笔试	闭卷	
	世界当代史	3	90	54	20		3	笔试	闭卷	
	中国历史地理学	3	90	54	20		4	网考	论文	
	中国社会史	3	90	36	20	18	4	网考	开卷	
实践教学课程	毕业设计(论文)	6		18	20	108	5	实作		
	教育实习	3				54	5	实作		

续表

课程类别	课程名称	学分	自学时数	网络课程时数	辅导时数	实践时数	建议开课学期	考核形式	开闭卷	备注
创新创业课程	发表科研论文或获奖	4				72				
	取得职业相关资格证书	4				72				
	历史教学比赛获奖	4				72				
说明	1.根据能力的实践性、针对性、实用性要求,增加了实践特点突出的学科教学课程。 2.新增加了创新创业实践课程,经过专家认定可以代替表中其他相关课程,如发表科研论文可替换“历史教学研究与论文写作”;获得省级教学比赛,可替换“历史教学案例研讨”或“中学历史教学设计”。 3.创新创业实践板块中的获奖须是省级及以上,论文应为公开发表									

(二)教学大纲

教学大纲是实施教学和考核的依据。列入教学计划的各门课程或实践教学环节,应在开课前制定科学合理的教学大纲。教学大纲一般应包括课程性质与简介、先修课程、教学时数、各章节知识要点、教材、参考书、教学方法、教学手段、教学进度安排和考核方式等。教学大纲一经确定必须严格执行。

(三)教材选用

高度重视教材建设,建立完善的教材选用制度。思想政治理论课程、“马工程”课程按国家规定选用教材,其他课程要选用优秀的继续教育教材。

(四)教学模式

提倡信息化主导下的“线上与线下、课堂与实训、学校教师与行业专家相结合”的混合式多元化教学模式。鼓励启发式、互动式、讨论式和案例式教学,激发学生学习兴趣,增强学生自主学习能力,注重培养学生的批判性思维,提高继续教育教学效果。

(五)实践教学

继续教育历史学(教育)专业要求学生进行教学和社会实习实践,具体实习实践事宜在中学或文史馆、博物馆、档案馆等部门完成,时间不少于半年。在学校实习主要学习中学历史教学的设计、组织、课堂实施与教学评价等,目的是提高其历史教育教学能力。在文史馆、博物馆、档案馆等机构实习,主要是学习历史资料的收集、整理和研究等,以提高其历史资料的管理与研究的能力。所有实习均要求在专业人员的指导下完成,实习实践结束后,学生应提交实习实践报告并进行实习实践答辩。其中,历史教育专业学生需提交一份教学设计、课件、教学片段视频和课后反思。

(六)成绩考核

历史学(教育)专业课程考核方式为网上考试、笔试、实作等。学生成绩主要由平时考核与期末考核组成,平时考核包括作业、网络问答、小测验,期末考核采用网上考试、笔试等方式。

六、师资队伍

(一)教师规模和结构

历史学(教育)现有专任教师46人,其中教授16人,副教授12人,全部都具有博士或硕士学位。年龄结构、学历结构、知识结构和学缘结构合理。

(二)专业背景和水平

除公共课程外,历史学(教育)专业课程主要由历史学和历史教学两大类课程构成,要求专业教师既要有较高的学术研究能力,又能指导和发展学生职业技能。鉴于此,每门课程均安排两位教师,形成以教授为主、副教授和讲师为辅的教师队伍结构。教授主要负责理论教学,副教授、讲师以实践、技能教学内容为主。新加入网络课程教学的教师,须有一年的网络辅导和值机经历,以熟悉前任教师的教学内容和了解学生情况,方可进行单独的课程教学。

七、教学条件

(一)教学设施

学校为各专业提供数量充足、功能完善的教学设施;实现线上线下教学平台共享。

(二)信息资源

学校为各专业搭建网络在线学习平台,课程板块包含课程简介、学习内容、主题讨论、课程答疑、共享笔记、课程统计、课程通知。网络在线学习平台将开放知识点视频课程,加强实时交互答疑,课程学习在线辅导等,并对学习方法进行指导,对毕业论文进行辅导。在此基础上,加强网络平台的督学功能,定期通报学生在线学习情况,跟踪督促学生日常远程学习,学生也可以通过平台实时查询自己的学习情况。

学校为各专业提供数量充足、种类齐全的纸质和电子图书资源,配置满足教学需要的电子资源数据库以及检索工具,向学生推荐教材和必要的教学参考资料,为师生提供便捷的信息资源服务。

(三)教学经费

教学经费专指在专业教学各个环节发生的资源建设费用、教学运行费用与教学评估费用等。教学经费的投入应较好满足专业人才培养需求,并随教育事业经费的增长而稳定投入。教学经费不得用于非教学用途。

八、质量管理

(一)管理目标

本专业以学习者职业能力提升为目标,建立以培养目标、培养规格、课程体系、教学规范、专业师资、教学条件、教学过程、教学改革与研究、教学效果等为核心的质量管理目标体系,增加以质量监控为目标的毕业生质量跟踪机制,社会、用人单位等的评价与反馈机制。围绕质量管理目标要求,制定质量管理实施规范,建立教学管理制度、督导制度、评教制度、评学制度,建立信息反馈机制和调控改进机制,开展经常化和制度化的检查、监督和指导,对主要教学环节的教学质量实施全方位的监控与评估,确保对专业教学质量形成全过程的有效监控。

(二)质量规范

本专业以专业标准为基础,建立科学合理的质量评估指标体系,作为评估专业教育质量的基本依据。

本专业建设实时的教学质量状态数据库,围绕质量目标要求,开展经常化和制度化的质量评估,确保对教学质量形成有效监控,保障教学质量的持续提升和专业人才培养目标的充分实现。对专业教学的投入质量、过程质量和产出质量进行管理,其中投入质量保障主要包含基础设施建设、师资培养培训和各种支持服务等。过程质量保障主要指技术标准,不断制定新的教学标准或课程标准,建立教学质量的诊断与改进机制。产出质量保障主要是对学生学习有效性的监测,通过对学生满意度、教师满意度和单位及公司满意度的调查,建立质量评估机制,对产出质量进行监控。根据对质量监控的评估和分析,针对人才培养过程中存在的问题,及时采取纠正与预防措施,并进行持续改进,保证教学质量的不断提高和专业人才培养目标的实现,确保继续教育的“职业效度”。

继续教育教育学专业标准

培养层次:专升本

专业代码:040101

一、专业概述

教育学是一门以教育活动为研究对象的学科,重在研究教育现象和问题,揭示教育本质、教育规律和探讨教育价值、教育艺术的学科。它要回答培养什么样的人和怎样培养人两个基本问题。作为一门独立的学科,教育学对教育的本质、教育的基本要素、教育与人的发展、教育与社会的发展、教育目的、教育制度、课程、教学、教师与学生、学校管理等都进行了深入的研究和具体的讨论。教育学不仅具有重要的理论价值,而且对教育实践具有很强的解释力和指导作用。

西南大学教育学专业有着悠久的发展历史,秉承"特立西南、学行天下"的大学精神和"国际化、精英化、综合化"的人才培养理念,经过半个多世纪的发展,形成了优势突出、特色鲜明、体系完整、结构合理的科学布局。教育学专业现为国家教育部和财政部联合确定的第一批特色专业点,拥有教育学一级学科博士学位授权点,涵盖教育基本原理、课程与教学论等12个二级学科博士学位授权点(含自主设置)、14个二级学科硕士学位授权点和3个本科专业,形成了本科、硕士研究生、博士研究生的人才培养体系。教育学现为重庆市一级学科重点学科,二级学科课程与教学论为国家重点学科。同时,拥有课程与教学论、比较教育学等国家精品课程4门、国家精品视频公开课程1门、双语教学国家示范课程1门、国家级精品资源共享课建设项目3门,并有教育部重点文科基地"西南民族教育与心理研究中心"、重庆市重点文科基地"西南大学基础教育研究中心"、国家2011计划"中国基础教育质量监测协同创新中心西南大学分中心"等多个平台和智库的强大支持。同时,依托网络与继续教育方面的优势,在开放性、普适性、实用性、教学资源丰富等方面赢得了良好的声誉。

二、培养目标

继续教育教育学专业在学生原有工作经验基础上,进一步培养他们热爱教育事业,具备职业理想、奉献精神,使之具有较高文化和专业素养。根据我国教师职业任职资格,学生需要掌握扎实的教育学专业基础知识,具有心理学和临近交叉学科的知识基础,并具备熟练的教学实践技能。同时,培养具有自主学习和终身学习的意识和能力,能在各级各类中小学、幼儿园、教育行政部门及科研机构等从事教学、科研、管理、咨询和辅导方面工作的应用型专业人才。

三、培养规格

(一)学习年限

教育学专业的基本学习年限为2.5年,最长学习年限为6年。

(二)毕业条件与授予学位

(1)毕业条件:学生在规定的学习年限内修完专业教学计划规定的全部课程,取得所学专业规定的总学分,完成教学规定的所有环节,毕业鉴定合格,可准予毕业。

(2)授予学位:在校期间表现良好,且所有科目平均分达70分及以上,补考累计少于4门,通过学位英语考试,毕业论文评定良好及以上,同时满足以上条件者,可申请教育学学士学位。

(三)人才培养要求

1.思想方面

培养坚决拥护中国共产党的领导,热爱祖国,具有对社会、人类的高度责任感,具有正确的世界观、人生观、价值观,具有良好的学风、高尚的社会公德和健康的心理素质,德智体美劳全面发展的社会主义建设者和接班人。

2. 知识方面

（1）全面掌握教育学、教育心理学、教学法等基础学科的专业知识和相关理论。

（2）熟悉教育法、义务教育法、教师法、教师专业标准、教师职业道德规范等相关法律、法规及政策文件。

（3）了解学生身心发展一般规律和教育教学一般规律等相关理论和知识。

（4）了解教育学及相关学科的前沿知识与发展趋势。

（5）了解一定的自然科学、人文社会科学及创新创业等方面的知识或信息。

（6）掌握文献检索、资料加工、信息分类汇总等基本操作方法。

3. 能力方面

（1）能够独立地设计教学目标和教学计划，合理利用教学资源和方法设计教学过程。

（2）能够营造良好的学习环境与氛围，激发与保护学生的学习兴趣，有效地实施教学。

（3）能够独立设计、组织和实施教学实践活动。

（4）能够建立良好的师生关系，胜任学生管理、班级管理等工作。

（5）熟练地掌握一定的教育技术和多媒体实操运用基本技能。

（6）具备一定的自我反思和生涯发展规划的能力。

4. 态度方面

（1）恪守教师职业道德，遵守教师伦理。

（2）具备一定的信息素养、科学素养、人文素养和求实创新意识。

（3）坚守热爱教育事业、以学生为本的信念。

（4）有效参与组织管理、交流沟通、团队合作等。

四、课程体系

(一)课程分类结构

课程体系包括公共基础课程、专业课程、实践教学课程和创新创业课程四大类课程。

公共基础课程包括公共基础必修课程和公共基础选修课程。公共基础必修课程包括大学英语、计算机应用基础、毛泽东思想和中国特色社会主义理论体系概论等。公共基础选修课程由学校统一开设,学生选修4学分。

专业课程包括专业必修课程和专业选修课程。

实践教学课程包括毕业论文、实习等。

创新创业课程包括学生发表的科研论文、获得的职业资格证书、创业等。

(二)课程学分结构

本专业学生毕业须修满80学分及以上,学分构造情况见表3-7。

表3-7　教育学专业课程学分结构表

课程类别		学分	比例	备注
公共基础课程	公共基础必修课程	12	15%	包括大学英语、计算机应用基础、毛泽东思想和中国特色社会主义理论体系概论等
	公共基础选修课程	4	5%	学校统一开设
专业课程	专业必修课程	48	60%	教育学、教育心理学、课程论、教学论、教育科研方法、课堂教学艺术、现代教育技术及其应用、微课设计与教学应用、教育案例研究、校本课程开发、学校德育等
	专业选修课程	9	11%	教育经济学、学校管理学、数学教学论、语文教学论、班主任工作等
实践教学课程		7	9%	毕业论文、教育实习等

续表

课程类别	学分	比例	备注
创新创业课程			发表的科研论文经专家论证后可以代替专业选修课程学分，获得的职业资格证书经专家论证后可以免考相应专业类课程，创业实绩经专家论证后可以代替实践教学课程学分
合计	80	100%	

五、教学规范

（一）教学计划

教学计划是学校保证教学质量和人才培养规格的重要文件，是组织教学过程、安排教学任务的基本依据，应保持相应稳定，并适时修订。执行过程中如需变动，应遵循规范的论证和审批手续。

表3-8　教育学专业课程教学计划表

课程类别	课程名称	学分	自学时数	网络课程时数	辅导时数	建议开课学期	考核形式	备注
公共基础必修课程	大学英语（B）	4	120	72	20	1	统考	非英语专业修
	大学英语（A）	4	120	72	20	1	统考	英语专业修
	计算机应用基础	4	120	72	20	1	统考	
	毛泽东思想和中国特色社会主义理论体系概论	4	120	72	20	1	网考	
公共基础选修课程	通识课1	2	60	36	20	1	网考	统一开设
	通识课2	2	60	36	20	2	网考	

续表

课程类别	课程名称	学分	自学时数	网络课程时数	辅导时数	建议开课学期	考核形式	备注
专业必修课程	教育学	3	90	54	20	2	笔试	网授
	教育心理学	5	150	90	20	2	笔试	网授
	课程论	5	150	90	20	2	网考	网授
	教学论	4	120	72	20	2	网考	网授
	教育科研方法	5	150	90	20	2	笔试	网授
	课堂教学艺术	4	120	72	20	3	网考	网授
	现代教育技术及其应用	5	150	90	20	3	网考	网授
	微课设计与教学应用	5	150	90	20	3	网考	网授
	教育案例研究	4	120	72	20	4	网考	网授
	校本课程开发	5	150	90	20	4	网考	网授
	学校德育	3	90	54	20	4	网考	网授
专业选修课程	教育经济学	3	90	54	20	3	网考	选修9学分
	学校管理学	3	90	54	20	3	网考	
	数学教学论	3	90	54	20	3	网考	
	语文教学论	3	90	54	20	4	网考	
	班主任工作	3	90	54	20	4	网考	
实践教学课程	毕业论文	6	180	108	40	4–5	实作	
	教育实习	1	18			5	实作	
创新创业课程	科研							
	技能							
	创业							

(二)教学大纲

教学大纲是实施教学和考核的依据。列入教学计划的各门课程或实践教学环节,应在开课前制定科学合理的教学大纲。教学大纲一般应包括课程性质与简介、先修课程、教学时数、各章节知识要点、教材、参考书、教学方法、教学手段、教学进度安排和考核方式等。教学大纲一经确定必须严格执行。

(三)教材选用

高度重视教材建设,建立完善的教材选用制度。思想政治理论课程、“马工程”课程按国家规定选用教材,其他课程要选用优秀的继续教育教材。

(四)教学模式

提倡信息化主导下的“线上与线下、课堂与实训、学校教师与行业专家相结合”的混合式多元化教学模式。鼓励启发式、互动式、讨论式和案例式教学,激发学生学习兴趣,增强学生自主学习能力,注重培养学生的批判性思维,提高继续教育教学效果。

(五)实践教学

继续教育教育学专业要求学生进行教育实习实践,具体实习实践事宜是在中小学校等场所完成。具体要求在各年级或各科室轮岗实习实践,时间不少于半年。主要学习课堂教学、班级管理、教学评价、师生沟通等。学生教育实习是在教师指导下完成的,学生应该做好听课、观课、备课等环节,虚心接受指导教师的意见,认真做好实习记录。学生在教育实习之前应该做好实习计划书,实习过程中应时刻做好记录和反思,实习结束后应提交实习实践报告并进行实习实践答辩。

(六)成绩考核

教育学专业课程考核方式为网上考试、笔试、实作等。学生成绩主要由平时考核与期末考核组成,平时考核包括作业、网络问答、小测验,期末考核采用网上考试、笔试等方式,对于实践教学课程逐步试点期末实作考试。

六、师资队伍

(一)教师规模和结构

教育学专业的专任教师不低于40人,具有硕士及以上学位的专任教师的比例在95%以上,各门专业课程教师的数量和梯队合理。本专业拥有15人及以上理论扎实、技能熟练、专业素质较高的教授、副教授等专家队伍,均具有高等教师职业资格。

(二)专业背景和水平

除教育学专业基础课程和心理学相关课程,其他专业课程任课教师必须具有教育学专业的学科背景。专业课程任课教师一般具有博士学位,专业核心课程任课教师一般具有高级职称。

七、教学条件

(一)教学设施

学校为各专业提供数量充足、功能完善的教学设施;实现线上线下教学平台共享。

(二)信息资源

学校为各专业搭建网络在线学习平台,课程板块包含课程简介、学习内容、主题讨论、课程答疑、共享笔记、课程统计、课程通知。网络在线学习平台将开放知识点视频课程,加强实时交互答疑,课程学习在线辅导等,并对学习方法进行指导,对毕业论文进行辅导。在此基础上,加强网络平台的督学功能,定期通报学生在线学习情况,跟踪督促学生日常远程学习,学生也可以通过平台实时查询自己的学习情况。

学校为各专业提供数量充足、种类齐全的纸质和电子图书资源,配置满足教学需要的电子资源数据库以及检索工具,向学生推荐教材和必要的教学参考资料,为师生提供便捷的信息资源服务。

(三)教学经费

教学经费专指在专业教学各个环节发生的资源建设费用、教学运行费用与教学评估费用等。教学经费的投入应较好满足专业人才培养需求,并随教育事业经费的增长而稳定投入。教学经费不得用于非教学用途。

八、质量管理

(一)管理目标

本专业以学习者职业能力提升为目标,建立以培养目标、培养规格、课程体系、教学规范、专业师资、教学条件、教学过程、教学改革与研究、教学效果等为核心的质量管理目标体系,增加以质量监控为目标的毕业生质量跟踪机制,社会、用人单位等的评价与反馈机制。围绕质量管理目标要求,制定质量管理实施规范,建立教学管理制度、督导制度、评教制度、评学制度,建立信息反馈机制和调控改进机制,开展经常化和制度化的检查、监督和指导,对主要教学环节的教学质量实施全方位的监控与评估,确保对专业教学质量形成全过程的有效监控。

(二)质量规范

本专业以专业标准为基础,建立科学合理的质量评估指标体系,作为评估专业教育质量的基本依据。

本专业建设实时的教学质量状态数据库,围绕质量目标要求,开展经常化和制度化的质量评估,确保对教学质量形成有效监控,保障教学质量的持续提升和专业人才培养目标的充分实现。对专业教学的投入质量、过程质量和产出质量进行管理,其中投入质量保障主要包含基础设施建设、师资培养培训和各种支持服务等。过程质量保障主要指技术标准,不断制定新的教学标准或课程标准,建立教学质量的诊断与改进机制。产出质量保障主要是对学生学习有效性的监测,通过对学生满意度、教师满意度和单位及公司满意度的调查,建立质量评估机制,对产出质量进行监控。根据对质量监控的评估和分析,针对人才培养过程中存在的问题,及时采取纠正与预防措施,并进行持续改进,保证教学质量的不断提高和专业人才培养目标的实现,确保继续教育的“职业效度”。

继续教育学前教育专业标准

培养层次:专升本

专业代码:040102

一、专业概述

学前教育专业作为教育学专业的一个分支,其主要任务是为我国培养具有基本的学前儿童保育和教育知识、态度与行为,能够在幼儿园等学前教育机构从事保教活动、管理及社会服务工作的应用型专门人才。

西南大学学前教育专业(原西南师范学院保育系)创建于1950年,是新中国最早成立的3个学前教育专业之一,1997年和2003年分别获得硕士与博士学位授权点。学前教育专业所依托的教育学一级学科,拥有博士后流动站、一级博士学位授权点和国家重点学科。在充分整合西南大学教育学科优势的基础上,学前教育专业已构建起本科、硕士研究生、博士研究生的人才培养体系,在人才培养、科学研究和社会服务中取得了卓越成就。西南大学学前教育专业立足西部、面向全国,在历史积淀和现实奋进中逐渐形成了鲜明的办学特色。2013年,入选重庆市本科高校“三特行动计划”特色专业;2014年,入选教育部首批“卓越教师培养计划”,同年入选西南大学六大“优势本科专业”。基于“校内教育、校外教育和海外教育”三大场域和“综合化的理论课堂、多元化的实践课堂和个性化的人文艺术课堂”三级立体大课堂，学前教育专业逐渐形成了“综合化、精英化、国际化和研究型”本科生培养特色。本专业在近几年的全国同类学科排行中稳定在前3名，并在幼儿园课程与游戏、教师与儿童发展等领域的研究形成了一定优势，逐渐确立了在全国学前教育领域的重要地位。

二、培养目标

继续教育学前教育专业在学生原有工作经验基础上，根据教育部对学前教育专业人才培养的基本要求，培养具有基本的学前儿童保育和教育知识、态度与行为，能够在幼儿园等学前教育机构从事保教活动、管理及社会服务工作的应用型专门人才。

三、培养规格

（一）学习年限

学前教育专业的基本学习年限为2.5年，最长学习年限为6年。

（二）毕业条件与授予学位

（1）毕业条件：学生在规定的学习年限内修完专业教学计划规定的全部课程，取得所学专业规定的总学分，毕业鉴定合格，可准予毕业。

（2）授予学位：获得毕业证书，通过学位英语考试，且所有科目平均分达70分及以上，补考累计少于4门，通过学位英语考试，毕业论文评定良好及以上，同时满足以上条件者，可申请教育学学士学位。

（三）人才培养要求

1.思想方面

培养坚决拥护中国共产党的领导，热爱祖国，具有对社会、人类的高度责任感，具有正确的世界观、人生观、价值观，具有良好的学风、高尚的社会公德和健康的心理素质,德智体美劳全面发展的社会主义建设者和接班人。

2.知识方面

(1)掌握学前儿童发展与保教的相关知识和理论。

(2)熟悉和了解作为教师所需的通识知识。

(3)熟悉我国学前教育的方针、政策和法规。

(4)了解一定的自然科学、人文社会科学等方面的知识或信息。

3.能力方面

(1)具有观察、了解儿童,能与儿童进行良好沟通的能力。

(2)具有幼儿园环境创设与利用能力。

(3)具有一日生活组织与保教能力。

(4)具有游戏活动支持与引导能力。

(5)具有教育活动的计划与实施能力。

(6)具有激励和评价儿童的能力。

(7)具有反思、发展自我以及终身学习的能力。

(8)具有一定的科学研究和管理工作的能力。

4.态度方面

(1)具有良好的职业道德修养。

(2)热爱学前教育事业,热爱幼儿。

(3)具有正确的儿童观、教师观、教育观及相应的行为。

四、课程体系

(一)课程分类结构

课程体系包括公共基础课程、专业课程、实践教学课程和创新创业课程四大类课程。

公共基础课程包括公共基础必修课程和公共基础选修课程。公共基础必修课程包括大学英语、计算机应用基础、毛泽东思想和中国特色社会主义理论体系概论等。公共基础选修课程由学校统一开设,学生选修4学分。

专业课程包括专业必修课程和专业选修课程。

实践教学课程包括毕业论文、实习等。

(二)课程学分结构

本专业学生毕业须修满80学分及以上,学分构造情况见表3-9。

表3-9 学前教育专业课程学分结构表

课程类别		学分	比例	备注
公共基础课程	公共基础必修课程	12	15%	包括大学英语(B)、计算机应用基础、毛泽东思想和中国特色社会主义理论体系概论等
	公共基础选修课程	4	5%	包括通识课1、通识课2
专业课程	专业必修课程	45	56.25%	包括学前卫生学、学前教育心理学、学前教育学、学前教育课程论、学前游戏论、艺术与审美、幼儿园活动设计与评价、儿童文学、学前儿童行为观察与评价、学前教育科研方法、虚拟仿真实验室实训等
	专业选修课程	12	15%	包括学前教育政策与法规、幼儿心理健康教育、儿童语言教育、幼儿园艺术教育、儿童数学教育、幼儿园社会教育、幼儿园科学教育、幼儿园教学艺术、幼儿园管理、手工与幼儿园玩教具制作、0—3岁婴儿保育与教育等
实践教学课程		7	8.75%	包括毕业论文(设计)、教育实习

课程类别	学分	比例	备注
创新创业课程			发表的科研论文经专家论证后可以代替专业选修课程学分,获得的职业资格证书经专家论证后可以免考相应专业类课程,创业实绩经专家论证后可以代替实践教学课程学分
合计	80	100%	

五、教学规范

(一)教学计划

教学计划是学校保证教学质量和人才培养规格的重要文件,是组织教学过程、安排教学任务的基本依据,应保持相应稳定,并适时修订。执行过程中如需变动,应遵循规范的论证和审批手续。

表3-10　学前教育专业课程教学计划表

课程类别	课程名称	学分	课程课时	自学课时	建议开课学期	考核形式	备注
公共基础必修课程	大学英语(B)	4	72	120	1	统考	
	毛泽东思想和中国特色社会主义理论体系概论	4	72	120	1	网考	
	计算机应用基础	4	72	120	1	统考	
公共基础选修课程	通识课1	2	36	60	1	网考	
	通识课2	2	36	60	1	网考	

续表

课程类别	课程名称	学分	课程课时	自学课时	建议开课学期	考核形式	备注
专业必修课程	学前卫生学	4	72	120	2	网考	
	学前教育心理学	4	72	120	2	笔试	
	学前教育学	5	90	150	2	笔试	
	学前教育课程论	5	90	150	3	网考	
	学前游戏论	5	90	150	3	笔试	
	艺术与审美	4	72	120	3	网考	
	幼儿园活动设计与评价	4	72	120	4	网考	
	儿童文学	4	72	120	4	网考	
	学前儿童行为观察与评价	4	72	120	4	网考	
	学前教育科研方法	3	54	90	4	网考	
	虚拟仿真实验室实训	3	54	90	3	网考	
专业选修课程	学前教育政策与法规	4	72	120	2	网考	至少选修3门
	幼儿心理健康教育	4	72	120	2	网考	
	儿童语言教育	4	72	120	2	网考	
	幼儿园艺术教育	4	72	120	3	网考	
	儿童数学教育	4	72	120	3	网考	
	幼儿园社会教育	4	72	120	3	网考	
	幼儿园科学教育	4	72	120	3	网考	
	幼儿园教学艺术	4	72	120	4	网考	
	幼儿园管理	4	72	120	4	网考	
	手工与幼儿园玩教具制作	4	72	120	4	网考	
	0—3岁婴儿保育与教育	4	72	120	4	网考	
实践教学课程	毕业论文(设计)	6			5	论文	
	教育实习	1			5	实作	
创新创业课程	学生发表的科研论文经专家论证后可以替代专业选修课程学分，学生获得的职业资格证书经专家论证后可以免考相应专业类课程，学生创业实绩经专家论证后可以替代实践课程(环节)学分						

(二)教学大纲

教学大纲是实施教学和考核的依据。列入教学计划的各门课程或实践教学环节,应在开课前制定科学合理的教学大纲。教学大纲一般应包括课程性质与简介、先修课程、教学时数、各章节知识要点、教材、参考书、教学方法、教学手段、教学进度安排和考核方式等。教学大纲一经确定必须严格执行。

(三)教材选用

高度重视教材建设,建立完善的教材选用制度。思想政治理论课程、“马工程”课程按国家规定选用教材,其他课程要选用优秀的继续教育教材。

(四)教学模式

提倡信息化主导下的“线上与线下、课堂与实训、学校教师与行业专家相结合”的混合式多元化教学模式。鼓励启发式、互动式、讨论式和案例式教学,激发学生学习兴趣,增强学生自主学习能力,注重培养学生的批判性思维,提高继续教育教学效果。

(五)实践教学

实践教学是教学活动的重要组成部分。继续教育学前教育专业课外实践主要包括课程实训、专业见习、专业实习和社会实践。

1.课程实训

结合课堂教学中的知识学习,以实训室模拟幼儿园教学环境,进行实训,以提高学生的专业实践能力。

2.专业见习

结合课堂教学内容,对需要到幼儿园进行观摩见习的知识内容,组织学生进入幼儿园教育现场进行观摩活动,根据实际情况来确定见习的内容与实践。

3. 专业实习

统一组织学生到符合要求的幼儿园进行实习工作，实习时间不应低于两个月，专业实习期间应有教学大纲、教学内容和具体要求。

4. 社会实践

根据学生的发展需要，组织学生进行社会实践活动，学生可以根据自身的实际情况进行选择。

（六）成绩考核

成绩考核是教学的一个重要环节，应根据课程特点选择恰当方式考查学生对知识点的掌握和运用能力。学前教育专业根据课程性质不同，采取多阶段、多样化和多维度的考核评价形式：利用虚拟实验室进行技能操作考核、作品设计展示、实践汇报展示、社会实践与调查总结、网考、笔试、以证代考等。考核成绩包括平时考核和期末考核，平时考核包括作业、网络互动、实作等，每门课程灵活把握，按50%成绩计算。期末考核包括试卷笔试、网络考试、实作等形式，每门课程灵活把握，按50%成绩计算。

六、师资队伍

（一）教师规模和结构

学前教育专业建立了一支规模适当、结构合理、人员稳定、水平较高的师资队伍。师生比不低于1∶18，每门核心课程至少配备1—2名专任教师，专任教师中具有硕士学位及以上的教师比例不小于20%，专任教师中具有硕士及以上学位的比例不小于80%，35岁以下专任教师必须具有硕士研究生及以上学历。具有高级职称的教师比例不小于20%，至少1名具有正高级专业技术职称。所有专任全职教师必须取得高校教师资格证书。在编的主讲教师中50%具有讲师及以上专业技术职务或具有硕士、博士学位，并通过岗前培训；兼职教师人数不超过专任全职教师总数的1/4。35岁以下实验技术人员具有相关专业学士及以上学位。

(二)专业背景和水平

1.专业背景

具有学前教育学科的教育背景(本科或者研究生具备学前教育专业背景),或者具备从事学前教育相关工作经验的教师。

准确把握高等教育的教育教学规律,系统了解学前教育专业的专业知识和专业技能,熟练运用现代教育理念和教学技术,掌握学前教育发展的最新动态。

2.水平

忠实履行教书育人职责,主动承担教学任务,积极参与教学研究、教学改革和专业建设,按照教育教学规律开展教学活动。关心学生成长,加强与学生的沟通交流,对学生提供必要的指导。

具有学前教育学科或相关学科的教育背景,熟练掌握课程教学内容,能够根据人才培养目标、课程教学特点、学生学习情况,结合现代教学理念和教育技术,合理设计教学过程,做到因材施教、注重效果。

用科研带动教学。积极参与科学研究,不断提高学术水平,掌握学前教育学科及相关学科的发展动态,不断更新教学内容,指导学生课外学术实践活动,培养学生的创新意识和实践能力。

七、教学条件

(一)教学设施

学校为各专业提供数量充足、功能完善的教学设施;实现线上线下教学平台共享。

（二）信息资源

学校为各专业搭建网络在线学习平台，课程板块包含课程简介、学习内容、主题讨论、课程答疑、共享笔记、课程统计、课程通知。网络在线学习平台将开放知识点视频课程，加强实时交互答疑，课程学习在线辅导等，并对学习方法进行指导，对毕业论文进行辅导。在此基础上，加强网络平台的督学功能，定期通报学生在线学习情况，跟踪督促学生日常远程学习，学生也可以通过平台实时查询自己的学习情况。

学校为各专业提供数量充足、种类齐全的纸质和电子图书资源，配置满足教学需要的电子资源数据库以及检索工具，向学生推荐教材和必要的教学参考资料，为师生提供便捷的信息资源服务。

（三）教学经费

教学经费专指在专业教学各个环节发生的资源建设费用、教学运行费用与教学评估费用等。教学经费的投入应较好满足专业人才培养需求，并随教育事业经费的增长而稳定投入。教学经费不得用于非教学用途。

八、质量管理

（一）管理目标

本专业以学习者职业能力提升为目标，建立以培养目标、培养规格、课程体系、教学规范、专业师资、教学条件、教学过程、教学改革与研究、教学效果等为核心的质量管理目标体系，增加以质量监控为目标的毕业生质量跟踪机制，社会、用人单位等的评价与反馈机制。围绕质量管理目标要求，制定质量管理实施规范，建立教学管理制度、督导制度、评教制度、评学制度，建立信息反馈机制和调控改进机制，开展经常化和制度化的检查、监督和指导，对主要教学环节的教学质量实施全方位的监控与评估，确保对专业教学质量形成全过程的有效监控。

(二)质量规范

本专业以专业标准为基础,建立科学合理的质量评估指标体系,作为评估专业教育质量的基本依据。

本专业建设实时的教学质量状态数据库,围绕质量目标要求,开展经常化和制度化的质量评估,确保对教学质量形成有效监控,保障教学质量的持续提升和专业人才培养目标的充分实现。对专业教学的投入质量、过程质量和产出质量进行管理,其中投入质量保障主要包含基础设施建设、师资培养培训和各种支持服务等。过程质量保障主要指技术标准,不断制定新的教学标准或课程标准,建立教学质量的诊断与改进机制。产出质量保障主要是对学生学习有效性的监测,通过对学生满意度、教师满意度和单位及公司满意度的调查,建立质量评估机制,对产出质量进行监控。根据对质量监控的评估和分析,针对人才培养过程中存在的问题,及时采取纠正与预防措施,并进行持续改进,保证教学质量的不断提高和专业人才培养目标的实现,确保继续教育的“职业效度”。

继续教育旅游管理专业标准

培养层次:专升本

专业代码:120901K

一、专业概述

西南大学旅游管理专业本科招生始于1997年原西南师范大学历史文化与旅游学院,2000年获得硕士学位授权点,西南大学组建后于2006年并入经济管理学院,2010年获得旅游管理专业学位(MTA)硕士点授予权。本专业以管理科学和经济科学为依托,以行业合作为支撑;重点发展饭店管理、旅行社管理与导游服务、旅游开发与景区管理等3个专业领域；通过通识教育和学科基础课程教育拓展学生视野，奠定学科理论与方法基础；通过专业发展课程教育和专业综合实践，训练学生从事旅游管理工作的岗位胜任能力，为旅游行业和相关专业领域培养具有开放意识、创新精神和实践能力的应用型专门人才。

二、培养目标

旅游管理专业培养具有经济与管理学科理论知识，掌握旅游管理基本理论与业务技能，具备较高综合素养、适应职业发展需要，创新进取、勇于担当，能在旅游行政管理部门、旅游企事业单位以及相关领域从事旅游事业管理、旅游企业经营管理或教学工作的应用型专门人才。

三、培养规格

（一）学习年限

旅游管理专业的基本学习年限为2.5年，最长学习年限为5年。

（二）毕业条件与授予学位

（1）毕业条件：学生在规定的学习年限内修完专业教学计划规定的全部课程，取得本专业规定的总学分，毕业鉴定合格，可准予毕业。

（2）授予学位：在校期间表现良好，且所有科目平均分达70分及以上，补考累计少于2门，通过学位英语考试，毕业论文评定良好及以上，同时满足以上条件者，可申请管理学学士学位。

（三）人才培养要求

旅游管理专业包括饭店管理、旅行社管理与导游服务、旅游开发与景区管理3个专业领域，学生可通过选择相应的专业领域必修或选修课程强化专业能力。学生通过学习经济科学、管理科学以及旅游管理的基本理论,接受旅游管理的专业技能训练。

毕业生应获得以下几方面的知识和能力:

(1)通过通识教育,开阔学生视野,让学生具备良好品德和人文修养。

(2)通过学科基础课程学习,让学生掌握专业课程学习必需的基础工具与方法。

(3)通过旅游管理专业课程学习,让学生具备从事饭店管理、旅行社管理、导游服务、旅游开发规划以及景区管理的理论基础和专业能力。

(4)通过专业技能训练,让学生具有较高综合素养和开拓创新意识,具有运用相关理论与方法解决旅游管理或相关领域实际问题的能力。

四、课程体系

(一)课程分类结构

课程体系包括公共基础必修课程、专业必修课程、专业选修课程、实践教学课程、创新创业课程。

公共基础必修课程包括大学英语、计算机应用基础、毛泽东思想和中国特色社会主义理论体系概论等,共计14学分。

专业必修课程包括西方经济学(上、下)、管理学原理、旅游学概论、旅游心理学、旅游市场学、饭店管理、旅行社经营管理、旅游景区管理、旅游规划原理与方法等。

专业选修课程包括旅游美学、旅游英语、旅游企业投资与管理等,要求每个学生选修学分不少于15分。

实践教学课程包括毕业论文、社会实践等。

创新创业课程包括学生发表的科研论文、获得的职业资格证书、创业等。

(二)课程学分结构

本专业学生毕业须修满80学分及以上,学分构造情况见表3-11。

表3-11 旅游管理专业课程学分结构表

课程类别	学分	说 明
公共基础必修课程	14	统一设置
专业必修课程	43	旅游学概论、旅游心理学、旅游市场学、饭店管理等
专业选修课程	15	专升本专业选修课程设置不少于5门
实践教学课程	8	毕业论文(设计)、社会实践等
创新创业课程		科研论文、职业资格证书、其他教育机构学习获得的成果等经专家论证,可替换相应课程学分

五、教学规范

(一)教学计划

教学计划是学校保证教学质量和人才培养规格的重要文件,是组织教学过程、安排教学任务的基本依据,应保持相应稳定,并适时修订。执行过程中如需变动,应遵循规范的论证和审批手续。

表3-12 旅游管理专业课程教学计划表

课程类别	课程名称	学分	课程课时	自学课时	建议开课学期	考核形式	备注
公共基础必修课程	大学英语(B)	4	72	120	1	统考	
	毛泽东思想和中国特色社会主义理论体系概论	4	72	120	1	网考	
	计算机应用基础	4	72	120	1	统考	
	PPT多媒体课件制作	2	36	60	1		

续表

课程类别	课程名称	学分	课程课时	自学课时	建议开课学期	考核形式	备注
专业必修课程	西方经济学(上)	5	90	150	1	笔试(闭卷)	
	西方经济学(下)	5	90	150	2	笔试(闭卷)	
	管理学原理	5	90	150	2	笔试(闭卷)	
	旅游学概论	4	72	120	2	笔试(开卷)	
	旅游心理学	4	72	120	2	笔试(开卷)	
	旅游市场学	4	72	120	2	笔试(开卷)	
	饭店管理	4	72	120	3	笔试(开卷)	
	旅行社经营管理	4	72	120	3	笔试(开卷)	
	旅游景区管理	4	72	120	4	笔试(开卷)	
	旅游规划原理与方法	4	72	120	4	笔试(开卷)	
专业选修课程	旅游经济学	3	54	90	3	笔试(开卷)	选修15学分
	旅游美学	3	54	90	3	笔试(开卷)	
	公共关系学	3	54	90	3	笔试(开卷)	
	酒店人力资源管理	3	54	90	4	笔试(开卷)	
	旅游政策与法规	3	54	90	4	笔试(开卷)	
	旅游英语	3	54	90	4	笔试(开卷)	
	旅游企业投资与管理	3	54	90	4	笔试(开卷)	
	现代饭店服务管理	3	54	90	4	笔试(开卷)	
	旅游策划学	3	54	90	3	笔试(开卷)	
实践教学课程	毕业论文(设计)	6	108	180	5	实作	
	社会实践	2	36	60	5	实习	
创新创业课程	学生发表的科研论文经专家论证后可以替代专业选修课程学分,学生获得的职业资格证书经专家论证后可以免考相应专业类课程,学生创业实绩经专家论证后可以替代实践课程(环节)学分						

（二）教学大纲

教学大纲是实施教学和考核的依据。列入教学计划的各门课程或实践教学环节，应在开课前制定科学合理的教学大纲。教学大纲一般应包括课程性质与简介、先修课程、教学时数、各章节知识要点、教材、参考书、教学方法、教学手段、教学进度安排和考核方式等。教学大纲一经确定必须严格执行。

（三）教材选用

本专业所涉及的思想政治理论课程、“马工程”课程按国家规定选用教材；鼓励任课教师按照本专业人才培养目标和教学规划编撰适合继续教育学生使用的教材，无自编教材课程应选用适宜于继续教育学生的优秀教材。

（四）教学模式

本专业采用“线上与线下、课堂教学与实践实训、学校教师与行业专家相结合”的混合式多元化教学模式，提倡启发式、互动式、研讨式以及案例教学法，激发学生学习兴趣，增强学生自主学习能力，注重培养学生的批判性思维，提升教学效果。

（五）实践教学

实践教学是教学活动的重要组成部分。本专业的实践教学主要包括：

（1）专业认知实践：通过实地考察、观摩学习，了解学生所在地区旅游行业与企业经营管理活动，形成良好的专业认知。

（2）专业技能实践：根据教学要求，在实验室或课堂之外安排相关专业课程的实践实训、案例剖析等，培养学生的专业技能。如旅游政策与法规、旅游规划原理与方法、旅游策划学等。

（六）成绩考核

旅游管理专业的公共课程按学校规定、学科基础课程按学院统一要求进行成绩考核。采用课程形成性考核评价和课程终结性考核评价相结合的课程考核评价方式。课程期末考核方式分为网考、笔试、大作业等几类。课程成绩一般由作业、网上学习、期末成绩等三部分组成。

(1)成绩评定。①理论课程:平时成绩占40%,其中,作业测试成绩占20%,网上学习占20%;期末考核成绩占60%。②技能训练课/案例教学课程:平时成绩占60%,其中,作业测试成绩占20%,实践实训参与占40%;期末试卷考核成绩占40%。

(2)记分模式:百分制。

(3)考试模式:网考、笔试、大作业。

(4)考试方式:闭卷或开卷。

六、师资队伍

(一)教师规模和结构

旅游管理专业的专任教师不少于15人,具有硕士及以上学位的专任教师的比例不少于90%,各门专业课程教师的数量、年龄结构、学历结构、知识结构和学缘结构合理。导游业务、模拟导游任课教师一般具有导游资格证书。

(二)专业背景和水平

旅游管理专业专任教师应具有旅游及相关专业的教育背景,能够满足旅游管理专业教育发展的要求。实践性课程的任课教师应具有相应的实践经验或从事相关工作的经历。

七、教学条件

(一)教学设施

学校为各专业提供数量充足、功能完善的教学设施;实现线上线下教学平台共享。

（二）信息资源

学校为各专业搭建网络在线学习平台，课程板块包含课程简介、学习内容、主题讨论、课程答疑、共享笔记、课程统计、课程通知。网络在线学习平台将开放知识点视频课程，加强实时交互答疑，课程学习在线辅导等，并对学习方法进行指导，对毕业论文进行辅导。在此基础上，加强网络平台的督学功能，定期通报学生在线学习情况，跟踪督促学生日常远程学习，学生也可以通过平台实时查询自己的学习情况。

学校为各专业提供数量充足、种类齐全的纸质和电子图书资源，配置满足教学需要的电子资源数据库以及检索工具，向学生推荐教材和必要的教学参考资料，为师生提供便捷的信息资源服务。

（三）教学经费

教学经费专指在专业教学各个环节发生的资源建设费用、教学运行费用与教学评估费用等。教学经费的投入应满足专业人才的培养需求，并随教育事业经费的增长而增加。教学经费不得用于非教学用途。

八、质量管理

（一）管理目标

本专业以学习者职业能力提升为目标，建立以培养目标、培养规格、课程体系、教学规范、专业师资、教学条件、教学过程、教学改革与研究、教学效果等为核心的质量管理目标体系，增加以质量监控为目标的毕业生质量跟踪机制，社会、用人单位等的评价与反馈机制。围绕质量管理目标要求，制定质量管理实施规范，建立教学管理制度、督导制度、评教制度、评学制度，建立信息反馈机制和调控改进机制，开展经常化和制度化的检查、监督和指导，对主要教学环节的教学质量实施全方位的监控与评估，确保对专业教学质量形成全过程的有效监控。

(二)质量规范

本专业以专业标准为基础,建立科学合理的质量评估指标体系,作为评估专业教育质量的基本依据。

本专业建设实时的教学质量状态数据库,围绕质量目标要求,开展经常化和制度化的质量评估,确保对教学质量形成有效监控,保障教学质量的持续提升和专业人才培养目标的充分实现。对专业教学的投入质量、过程质量和产出质量进行管理,其中投入质量保障主要包含基础设施建设、师资培养培训和各种支持服务等。过程质量保障主要指技术标准,不断制定新的教学标准或课程标准,建立教学质量的诊断与改进机制。产出质量保障主要是对学生学习有效性的监测,通过对学生满意度、教师满意度和单位及公司满意度的调查,建立质量评估机制,对产出质量进行监控。根据对质量监控的评估和分析,针对人才培养过程中存在的问题,及时采取纠正与预防措施,并进行持续改进,保证教学质量的不断提高和专业人才培养目标的实现,确保继续教育的“职业效度”。

继续教育工商管理专业标准

培养层次:专升本

专业代码:110201

一、专业概述

作为管理学的重要分支,工商管理是研究工商企业经济管理的基本理论、普遍规律、一般方法和技术的学科。其主要任务是运用专业知识对工商企业的经营战略制定和内部行为管理进行分析与诊断,解决工商企业实践中的具体管理问题。其根本目标是依据管理学、经济学的基本理论,运用现代管理的方法和手段来进行有效的企业管理和经营决策，保证企业的生存和发展。

西南大学工商管理专业起源于1952年原西南农学院农经系，秉承“特立西南、学行天下”的大学精神和“德合商道、立本励公”的人才培养理念，形成了以一级学科博士学位授权点和博士后科研流动站为核心的本科、硕士研究生、博士研究生的人才培养体系。西南大学工商管理一级学科是重庆市重点学科，工商管理专业是重庆市优势培育专业，拥有应用经济学、农林经济管理、统计学(经济统计)3个一级学科博士学位授权点，企业管理硕士、工商管理硕士2个硕士学位授权点，现有2个重庆市人文社科重点研究基地，建立了中国西部非公有制经济研究中心和西南大学企业研究中心等研究中心，并与50多家大型企业建立有实习基地。1996年开办继续教育，秉承“以学习者职业能力提升为导向，以满足学习者学习发展需求为重点”的继续教育人才培养理念，在开放性、普适性、共享性、教学资源丰富等方面赢得了良好声誉。

二、培养目标

培养适应社会主义市场经济发展需要，面向国民经济建设主战场，践行社会主义核心价值观，掌握现代经济管理理论及管理技能，具有人文精神与科学素养、社会责任感与公共意识、创新精神与创业能力，具有国际视野、本土情怀、团队精神与沟通技能，能够在企事业单位等从事经济管理工作的应用型工商管理人才。

目标1:掌握专业的基础理论、基本方法和管理工具，具备工商企业管理实践的职业伦理和专业素质，能科学地分析管理实践问题，以及开展管理活动，并在所在岗位出色地完成计划、组织、领导等工作。

目标2:具备扎实的战略规划、计划控制、项目管理、交际沟通、决策判断等技能，以及出色的创业创新能力，能应对复杂多变的现代管理和推动所在组织进行管理变革与创新。

目标3:有深厚的文化积淀,健康的心理与生理素质,能持续追踪学习工商管理前沿的管理理论和工具、总结经典工商企业管理的经验与教训,不断提升综合素养、专业技能和职业发展能力,做出符合经济社会发展要求的战略规划和经营决策。

目标4:具备宽广的国际视野和厚重的本土情怀,在工商管理实践乃至终身学习工作中,既能放眼国际以博采众长,又能扎根本土,成为能立足中国实践并具有国际视野的经济管理人才。

三、培养规格

(一)学习年限

基本学习年限为2.5年,最长学习年限为6年。

(二)毕业条件与授予学位

(1)毕业条件:学生在规定的学习年限内修完本专业教学计划规定的全部课程,取得本专业规定的总学分,毕业鉴定合格,可准予毕业。

(2)授予学位:通过学位英语考试,且学习期间表现良好、论文等级在良好及以上、所有科目平均分在70分及以上、补考课程累计少于4门者,可申请管理学学士学位。

(三)人才培养要求

1.思想方面

培养坚决拥护中国共产党的领导,热爱祖国,具有对社会、人类的高度责任感,具有正确的世界观、人生观、价值观,具有良好的学风、高尚的社会公德和健康的心理素质,德智体美劳全面发展的社会主义建设者和接班人。

2.知识方面

（1）掌握管理学、经济学的基本原理和现代企业管理的基本理论、基本知识，建立基础扎实的学科知识背景。

（2）掌握包括基本理论、方法和技能在内的工商管理专业学科知识，包括市场营销学、财务管理学、会计学、组织行为学、企业战略管理等。

（3）了解哲学、历史、文学、艺术、社会学、职业发展等方面的通识知识，对自然、人类、社会以及自我有良好的认识。

（4）熟悉我国企业管理的有关方针、政策和法规，以及国际企业管理的惯例与规则。

（5）了解社会主义市场经济和工商企业管理发展的理论前沿和发展动态。

（6）掌握文献检索、资料查询、数据处理等基本操作方法。

3.能力方面

（1）获取知识能力。能独立搜索资料、筛选知识和归纳知识；能通过观察、交流或请教的方式学习吸收他人知识；能独立构建和不断完善自己的知识体系。

（2）应用知识能力。能将所学的基础理论与专业知识融会贯通，灵活地应用于管理实践，能独立分析和解决工商企业领域中的管理实际问题。

（3）创新创业能力。具有良好的创新创业意识，掌握追踪技术前沿和市场最新动态的技能；了解创新创业的一般过程和注意事项；学会识别创新创业机会以及整合创业资源，能胜任创新创业团队或创业企业的相关管理工作。

4.态度方面

（1）思想道德素质。具备较强的形势分析和判断能力、良好的道德修养、强烈的社会责任感和积极的人生观与价值观。

（2）人文科学素质。具有深厚的人文知识底蕴，形成良好的文化品位、审美观念、价值取向和情感态度；具有深厚的科学知识积累，形成良好的求真探索精神以及掌握扎实的科学方法；能有效地融入社会组织和积极乐观地工作生活。

(3)专业素质。具有扎实的工商管理专业相关的理论知识和专业技能,掌握发现问题、分析问题以及解决问题的科学方法,拥有与工商管理专业相关的创新创业技能,能够运用专业知识和方法技能科学地甚至创新地解决实践问题。

(4)身心素质。具有健康的体魄和心理素质,具备向上、坚强、恒久的情感力、意志力和人格魅力,能正确处理人与人、人与自然以及人与社会之间的关系。

四、课程体系

(一)课程分类结构

课程体系包括公共基础课程、专业课程、实践教学课程和创新创业课程四大类课程。

公共基础课程包括公共基础必修课程和公共基础选修课程。公共基础必修课程包括大学英语、计算机应用基础、毛泽东思想和中国特色社会主义理论体系概论等。公共基础选修课程由学校统一开设,学生选修4学分。

专业课程包括专业必修课程和专业选修课程。

实践教学课程包括毕业论文、实习等。

创新创业课程包括学生发表的科研论文、获得的职业资格证书、创业等。

(二)课程学分结构

本专业学生毕业须修满80学分及以上,学分构造情况见表3-13。

表3-13　工商管理专业课程学分结构表

课程类别		学分	比例	备注
公共基础课程	公共基础必修课程	12	15%	包括大学英语、计算机应用基础、毛泽东思想和中国特色社会主义理论体系概论等
	公共基础选修课程	4	5%	学校统一开设

续表

课程类别		学分	比例	备注
专业课程	专业必修课程	45	56.25%	
	专业选修课程	12	15%	
实践教学课程		7	8.75%	
创新创业课程				发表的科研论文经专家论证后可以代替专业选修课程学分，获得的职业资格证书经专家论证后可以免考相应专业类课程，创业实绩经专家论证后可以代替实践教学课程学分
合计		80	100%	

五、教学规范

（一）教学计划

教学计划是学校保证教学质量和人才培养规格的重要文件，是组织教学过程、安排教学任务的基本依据，应保持相应稳定，并适时修订。执行过程中如需变动，应遵循规范的论证和审批手续。

表3-14 工商管理专业课程教学计划表

课程类别	课程名称	学分	课程时数	自学时数	建议开课学期	考核形式	备注
公共基础必修课程	大学英语(B)	4	72	120	1		
	计算机应用基础	4	72	120	1		
	毛泽东思想和中国特色社会主义理论体系概论	4	72	120	1		

续表

课程类别	课程名称	学分	课程时数	自学时数	建议开课学期	考核形式	备注
公共基础选修课程	学校统一开设,学生选修4学分						
专业必修课程	西方经济学(上)	5	108	180	2	网考	闭卷
	金融学	5	72	120	2	网考	开卷
	组织行为学	4	72	120	2	网考	开卷
	企业战略管理	5	90	150	2	网考	开卷
	企业管理学	4	90	150	2	网考	开卷
	人力资源开发与管理	5	90	150	3	网考	开卷
	西方经济学(下)	5	90	150	3	网考	闭卷
	生产与作业管理	4	72	120	3	网考	开卷
	税收学	4	72	120	4	网考	开卷
	管理经济学	4	72	120	4	网考	开卷
专业选修课程	物流管理	4	72	120	3	作业	选修12学分
	财务管理学	4	72	120	4	作业	
	投资经济学	4	72	120	4	作业	
	审计学原理	4	72	120	4	作业	
	国际企业管理	4	72	120	3	作业	
	国际贸易	4	72	120	4	作业	
实践教学课程	社会实践	1			5	实作	
	毕业论文	6			5	实作	
创新创业课程	学生发表的科研论文经专家论证后可以替代专业选修课程学分,学生获得的职业资格证书经专家论证后可以免考相应专业类课程,学生创业实绩经专家论证后可以替代实践课程(环节)学分						
说明	学生在其他教育机构学习获得的课程学分经专家论证后可以转化为相应课程学分						

（二）教学大纲

教学大纲是实施教学和考核的依据。列入教学计划的各门课程或实践教学环节，应在开课前制定科学合理的教学大纲。教学大纲一般应包括课程性质与简介、先修课程、教学时数、各章节知识要点、教材、参考书、教学方法、教学手段、教学进度安排和考核方式等。教学大纲一经确定必须严格执行。

（三）教材选用

高度重视教材建设，建立完善的教材选用制度。思想政治理论课程、“马工程”课程按国家规定选用教材，其他课程要选用优秀的继续教育教材。

（四）教学模式

提倡信息化主导下的“线上与线下、课堂与实训、学校教师与行业专家相结合”的混合式多元化教学模式。鼓励启发式、互动式、讨论式和案例式教学，激发学生学习兴趣，增强学生自主学习能力，注重培养学生的批判性思维，提高继续教育教学效果。

（五）实践教学

继续教育工商管理专业要求学生须进行社会实习，具体实习事宜在工商企业的具体岗位完成，社会实习时间不少于四周。社会实习应当在教师有目的的指导下学生自主完成，社会实习结束后学生须提交社会实习报告，实习单位领导要在社会实习报告上写出评语，并加盖公章。社会实习报告须独立完成，不得弄虚作假，不得抄袭他人成果。社会实习报告正文须包含实习目的、实习单位及岗位介绍、实习内容及过程、实习总结及体会等内容。

（六）成绩考核

工商管理专业课程考核方式为网上考试、笔试、实作等。学生成绩主要由平时考核与期末考核组成，平时考核包括作业、网络问答、小测验，期末考核采用网上考试、笔试等方式,对于实践教学课程逐步试点期末实作考试。

六、师资队伍

(一)教师规模和结构

工商管理专业的专任教师不低于30人,专业课程任课教师不低于20人,并聘请具有实践经验的人员承担部分教学任务,聘请创业成功人士、企业家、风险投资人等优秀人才担任专业课程、创新创业课程授课或指导教师。

(二)专业背景和水平

工商管理专业90%以上的教师获得管理学相关学位,其中具有硕士及以上学位的比例不低于80%,拥有高级职称(含副教授)及博士学位的比例不低于30%。专业课程任课教师一般具有博士学位,专业核心课程任课教师一般具有高级职称。专业课程任课教师应有高尚的职业道德,较强的教学能力和实践能力,为学生学习和职业发展提供有效的指导,并能指导学生进行创新创业活动。

七、教学条件

(一)教学设施

学校为各专业提供数量充足、功能完善的教学设施;实现线上线下教学平台共享。

(二)信息资源

学校为各专业搭建网络在线学习平台,课程板块包含课程简介、学习内容、主题讨论、课程答疑、共享笔记、课程统计、课程通知。网络在线学习平台将开放知识点视频课程,加强实时交互答疑,课程学习在线辅导等,并对学习方法进行指导,对毕业论文进行辅导。在此基础上,加强网络平台的督学功能,定期通报学生在线学习情况，跟踪督促学生日常远程学习，学生也可以通过平台实时查询自己的学习情况。

学校为各专业提供数量充足、种类齐全的纸质和电子图书资源，配置满足教学需要的电子资源数据库以及检索工具，向学生推荐教材和必要的教学参考资料，为师生提供便捷的信息资源服务。

（三）教学经费

教学经费专指在专业教学各个环节发生的资源建设费用、教学运行费用与教学评估费用等。教学经费的投入应较好满足专业人才培养需求，并随教育事业经费的增长而稳定投入。教学经费不得用于非教学用途。

八、质量管理

（一）管理目标

本专业以学习者职业能力提升为目标，建立以培养目标、培养规格、课程体系、教学规范、专业师资、教学条件、教学过程、教学改革与研究、教学效果等为核心的质量管理目标体系，增加以质量监控为目标的毕业生质量跟踪机制，社会、用人单位等的评价与反馈机制。围绕质量管理目标要求，制定质量管理实施规范，建立教学管理制度、督导制度、评教制度、评学制度，建立信息反馈机制和调控改进机制，开展经常化和制度化的检查、监督和指导，对主要教学环节的教学质量实施全方位的监控与评估，确保对专业教学质量形成全过程的有效监控。

（二）质量规范

本专业以专业标准为基础，建立科学合理的质量评估指标体系，作为评估专业教育质量的基本依据。

本专业建设实时的教学质量状态数据库，围绕质量目标要求，开展经常化和制度化的质量评估，确保对教学质量形成有效监控，保障教学质量的持续提升和专业人才培养目标的充分实现。对专业教学的投入质量、过程质量和产出质量进行管理,其中投入质量保障主要包含基础设施建设、师资培养培训和各种支持服务等。过程质量保障主要指技术标准,不断制定新的教学标准或课程标准,建立教学质量的诊断与改进机制。产出质量保障主要是对学生学习有效性的监测,通过对学生满意度、教师满意度和单位及公司满意度的调查,建立质量评估机制,对产出质量进行监控。根据对质量监控的评估和分析,针对人才培养过程中存在的问题,及时采取纠正与预防措施,并进行持续改进,保证教学质量的不断提高和专业人才培养目标的实现,确保继续教育的"职业效度"。

继续教育市场营销专业标准

培养层次:专升本

专业代码:110202

一、专业概述

市场营销是企业经营管理的重要组成部分,市场营销专业作为管理学的重要分支学科,其主要目标是培养具有市场营销及工商管理方面的基本理论和基本知识,具备管理、经济、法律、市场营销等方面的知识和能力,具有分析和解决营销问题的基本能力的工商管理学科人才。通过对本专业的学习,可以了解如何进行商务谈判,如何制定产品开发策略、定价策略、目标市场地位、营销推广策划、CIS策划、人员推销策划,如何进行市场调查与预测等。本专业毕业生适宜到工商、外贸、金融、保险、证券、旅游、房地产等企事业单位从事企业营销管理、客户资源管理、网络营销管理、营销策划、营销诊断、市场调查和咨询等工作。

西南大学市场营销专业秉承"含弘光大、继往开来"的校训,发扬"特立西南,学行天下"的大学精神,坚持"艰苦创业、负重自强"的传统,办学历史悠久,影响深远。西南大学市场营销专业一直以来坚持"德合商道、立本励公"的人才培养理念,以管理学和经济学为支撑,以行业市场营销管理、策划为办学特色,注重产学研结合。本专业特色主要体现在:一是突出专业胜任能力的培养,主要是专业基本理论、基本知识的掌握,人际沟通、语言表达等能力的培养;二是突出实践能力的培养,通过"案例分析""情景模拟""实践实训""创业模拟"等实践实训教学,重视培养学生运用理论知识解决实际问题的能力;三是突出素质教育,重视培养学生的计算机运用能力、沟通能力和创业创新能力,提高学生综合素质。

二、培养目标

本专业培养目标符合继续教育应用型人才的办学定位,充分体现国家、社会及学生的要求与期望。市场营销专业根据自身办学定位,结合专业特色,明确人才培养方向,科学、合理地确定专业具体的培养目标。专业培养目标包含专业所需的综合素质、核心知识、核心能力以及专业素养。具体而言,需要在操作标准的层面上对培养目标进行描述。

以培养德智体美劳全面发展,掌握市场营销的核心专业知识,并具有极强营销实践能力,熟悉现代工商企业管理基本知识的高端技能型营销人才为目标;人才培养规格是对学习者的基本素质、职业基础、职业核心、职业延展和其他能力提出具体要求。市场营销专业继续教育学习者应具备的基本素质主要包括良好的道德修养与社会责任感等人文科学素质、健康的身体与心理等身心素质和扎实的科学基础知识及分析解决问题能力等专业素质三部分。职业基础、核心与延展素质则是针对继续教育市场营销专业中专业化要求的不同程度专门提出的,是使学习者能够直接高质量符合国家战略与企业需求的主要保障。

本专业以管理学和经济学为支撑,培养适应社会主义市场经济、经济全球化和信息化时代需求,面向先进制造业、现代服务业、现代农业,能在各类企事业单位从事营销管理、客户资源管理、营销策划、市场调查、产品销售、市场开发和咨询、网络营销等工作,满足各类企事业单位以及教学、科研需要的复合型、应用型人才。

(1)具有良好的思想品德修养、健康的心理素质和良好的社会责任感。

(2)掌握管理学、经济学和现代市场营销学的基本理论、基本知识。

(3)掌握市场营销的定性、定量分析方法。

(4)具有较强的语言与文字表达、人际沟通以及分析和解决实际问题的基本能力。

(5)熟悉我国有关市场营销的方针、政策与法规,了解国际市场营销的惯例和规则。

(6)了解本学科的理论前沿及发展动态。

(7)掌握文献检索、资料查询的基本操作方法,具有一定的科学研究和实际工作能力。

(8)具有分析和解决企业营销、管理,政府事业单位运行等问题的基本能力。

三、培养规格

(一)学习学期和年限

(1)学期:每学年分为秋季、春季和夏季3个学期,夏季学期为选择性学期。

(2)年限:学习年限为2—3年。

(二)毕业条件与授予学位

(1)毕业条件:学生在规定的学习年限内修完专业教学计划规定的全部课程,取得所学专业规定的总学分90学分,毕业鉴定合格。

(2)授予学位:获得毕业证书,通过学位英语考试,且学习期间表现良好、论文等级在良好及以上、所有科目平均分在70分及以上、补考课程累计少于4门者,可申请管理学学士学位。

(三)人才培养要求

1.思想方面

培养坚决拥护中国共产党的领导,热爱祖国,具有对社会、人类的高度责任感,具有正确的世界观、人生观、价值观,具有良好的学风、高尚的社会公德和健康的心理素质,德智体美劳全面发展的社会主义建设者和接班人。

2.知识方面

(1)扎实的基础知识。掌握公共基础必修知识,具备一定的英语听读译及表达能力,学会应用计算机处理基本的业务工作。不仅要牢牢掌握管理类基础知识,如管理学、统计学、会计学等,而且要兼顾经济学等相关学科知识。在继续教育背景下,市场营销专业培养的学生要拥有良好的、基础扎实的学科知识背景。

(2)系统的专业知识。根据调查结果,企业对于营销人才专业知识的掌握程度比较重视,很多学生在专业知识方面认知不足,学科专业知识比较缺乏。市场营销专业根据市场现实需求相应地培养学生系统掌握包括基本理论、方法和技能在内的工商管理专门知识,并使学生在此基础上对学科的理论前沿和发展动态有一定的了解。

(3)专业的背景知识。市场营销专业是实践性较强的学科,市场是千变万化的,因而营销也要根据所面临的市场情况进行调节。在实践中需要进行特定地区的市场预测调查和分析,基于客观现实基础制定营销策略,同时也会参与国际营销、国际贸易等。在这种情况下,市场营销专业培养的学生不仅需要熟悉我国企业管理的方针、政策和法规,而且要对世界企业管理的惯例和规则有所了解,同时还需了解地理、文化、宗教、气候、环境等从事管理活动需要的背景知识。

3.能力方面

(1)主动获取知识的能力。根据调查结果,校内开设的基础和专业课程还不能满足市场对于人才类型多样化的需求,知识内容的更新速度也慢于市场发展,因此学习者在掌握校内开设的专业理论知识外，也要提高自身主动独立地获取知识、更新现有知识的能力。调查的多项数据显示，企业格外注重营销人才与客户的沟通和交际能力，因此学习者要注重培养自身的表达能力、社交能力。

（2）熟练运用知识的能力。掌握市场营销的基本知识、基本理论和基本方法，掌握知识之后最重要的是要将知识运用到实践中去。在专业实践教学中，实践训练和市场调查方面被认为是最需要加强的。这两方面内容的开展，可使学生将所学理论知识灵活运用到营销实践中。同时，学校加强开展商务沟通与客户服务的校内实训也有助于培养学生独立分析和解决营销实际问题的能力。

（3）能直接参与工作的能力。通过调查问卷发现，目前企业对市场营销人才的整体评价，在理论与实践结合领域比较失望，超过73%的企业认为当前培养的人才理论强于实践，将二者结合的本领较弱，企业需要的是能直接参与具体工作，甚至能够独当一面的人才。同时，超过44%的企业认为，市场营销人才需要具备很好的团队合作能力，并且能够不断创新工作方法。

4. 态度方面

（1）良好的职业操守。强化德育教育，加强职业道德教育。提高学生自身的职业道德意识，有利于他们适应未来的就业环境和社会要求。有正确的商业道德价值取向，有强烈的营销职业道德意识，具备守时守信、爱岗敬业、忠于职守、乐于奉献、尊重和服务顾客等职业道德素质。

（2）积极向上的人文素质。具备先进的政治思想，良好的职业道德及深厚的人文素养。

（3）优秀的专业素质。具有扎实的科学基础知识、信息技术基础知识和专业知识，掌握分析问题、解决问题的科学方法；具有严谨的科学态度和现代社会的竞争意识、环境意识、价值效益意识、求实创新意识。

（4）健康的身心素质。具有健康的体魄、健康的心理和自我调控能力。

四、课程体系

(一)课程分类结构

课程结构的确定主要是以建立在国家意志、企业需求与教育目的之上的课程目标为方向,以毕业生的就业面向与相关职业岗位能力要求为依据。对专业课程结构的设计与教学安排具体分为两个梯度,包括总体课程体系结构与职业核心能力学习领域课程模块、专业基本技能学习领域课程模块、专业核心技能学习领域课程模块、职业能力拓展学习领域课程模块四个小模块。市场营销专业课程体系结构详见表3-15。

表3-15 市场营销专业课程体系结构表

类别	学习领域课程名称	说明
总体课程体系结构与职业核心能力学习领域课程	马克思主义基本原理概论	
	毛泽东思想和中国特色社会主义理论体系概论	
	大学语文	
	大学英语	
	计算机应用基础	
	高等数学	
专业基本技能学习领域课程	政治经济学	
	西方经济学(上)	
	西方经济学(下)	
	市场营销学	理论实践一体化课程
	企业战略管理	
	现代广告学	理论实践一体化课程

续表

类别	学习领域课程名称	说明
专业核心技能学习领域课程	现代谈判学	理论实践一体化课程
	消费者行为学	理论实践一体化课程
	金融学	理论实践一体化课程
	组织行为学	理论实践一体化课程
	市场营销案例分析	理论实践一体化课程
职业能力拓展学习领域课程	国际金融	
	财务管理学	
	物流管理	
	财务会计学	
	审计学原理	

(二)课程学分结构

表3-16 市场营销专业课程学分结构表

课程类别		学分	比例	备注
公共基础课程	必修课程	24	26.7%	
	选修课程	10	11.1%	
专业发展课程	必修课程	35	38.9%	
	选修课程	12	13.3%	
实践教学课程	教育实习	3	3.3%	
	毕业论文(设计、作品)	6	6.6%	

五、教学规范

(一)教学计划

教学计划是学校保证教学质量和人才培养规格的重要文件,是组织教学过程、安排教学任务的基本依据,应保持相应稳定,并适时修订。执行过程中如需变动,应遵循规范的论证和审批手续。

表3-17　市场营销专业课程教学计划表

课程类别	课程名称	学分	课程课时	自学课时	建议开课学期	考核形式	备注
公共基础必修课程	大学英语(B)	4	72	120	2	统考	
	大学语文(B)	4	72	120	1	统考	
	马克思主义基本原理概论	4	72	120	1	网考	
	毛泽东思想和中国特色社会主义理论体系概论	4	72	120	2	网考	
	计算机应用基础	4	72	120	1	统考	
公共基础选修课程	高等数学Ⅲ	5	90	150	1	网考	
	政治经济学	5	90	150	1	网考	
专业必修课程	西方经济学(上)	5	90	150	2	笔试	闭卷
	金融学	4	72	120	3	笔试	开卷
	西方经济学(下)	5	90	150	3	笔试	闭卷
	市场营销	5	90	150	2	笔试	闭卷
	现代谈判学	4	72	120	3	笔试	闭卷
	企业战略管理	4	72	120	2	笔试	开卷
	现代广告学	4	72	120	3	笔试	闭卷
	市场营销案例分析	4	72	120	3	笔试	开卷
专业选修课程	国际商务谈判	3	54	90	4	笔试(开卷)	选修12学分
	消费者行为学	3	54	90	4	笔试(开卷)	
	国际金融	3	54	90	4	笔试(开卷)	
	财务管理学	3	54	90	4	笔试(开卷)	
	组织行为学	3	54	90	4	笔试(开卷)	
	物流管理	3	54	90	4	笔试(开卷)	
	财务会计学	3	54	90	4	笔试(开卷)	
	审计学原理	3	54	90	4	笔试(开卷)	
实践教学课程	毕业论文(设计)	6	108	180	4	实作	
	教育实习	3	54	90	4	实作	

(二)教学大纲

教学大纲是实施教学和考核的依据。列入教学计划的各门课程或实践教学环节,应在开课前制定科学合理的教学大纲。教学大纲一般应包括课程性质与简介、先修课程、教学时数、各章节知识要点、教材、参考书、教学方法、教学手段、教学进度安排和考核方式等。教学大纲一经确定必须严格执行。

(三)教材选用

高度重视教材建设,建立完善的教材选用制度。思想政治理论课程、“马工程”课程按国家规定选用教材,其他课程要选用优秀的继续教育教材。

(四)教学模式

之前的教学模式一般采用网授与面授相结合的方式。这种传统的继续教育教学模式在一定程度上没有注意到市场营销专业的实践性,以课堂为主导的教学模式已经老化,与课外实战结合的教学模式需要大力发展和推进。继续教育市场营销专业的课程设置在精简了一些专业发展课程的基础上与本科教育雷同,实践教学环节只安排毕业设计和教育实习,远远满足不了市场营销专业的技术需求。

专业课程的设定过于广泛,学习的课程包括基础教育、管理学、人力资源、会计、财务等。专业使用的很多书籍都是多年以前的,书上的案例存在时间滞后性,这对于学生来说实际意义不大,且限制学生的认知与理解。

招收的学生大多是全国范围内的在职人员,但教育教学跟随大流,将大工商管理的教学范式根植其中,未能体现市场营销特殊群体和特殊技能的要求;并且,目前的教学模式陈旧,教学方法固化。在经济新常态下,当前经济社会的发展模式和特点已经发生深刻变化,对市场营销人才的需求也有了新的要求。因此,在对我国继续教育发展以及继续教育专业发展的现状和相关问题进行分析和诊断的基础上，结合西南大学继续教育专业发展的现实，可以归纳总结出如下可供借鉴的经验。

1.建立以实战技能培养为主、理论指导为辅的教学路线

传统的教学一般采取的方式是教师讲解理论知识、演示，然后学生实验练习，有时会在课程快结束时让学生反馈练习。实践比重小，且效果不显著。市场营销应该以案例情境实践、企业实习为技能提高的主要方式，辅之以理论教导，使理论与实践相结合。

2.加强师资队伍建设，实现学校教师和行业专家相结合的多元化教学模式

教师的创新意识不强，课堂改革的积极性还不够高。引进优秀企业工作者分享交流实战经验，或者是鼓励高校教师深入企业挂职锻炼，加强建设应用型师资队伍，提升学生营销竞争力。加强教师队伍的教学管理和督导。

3.科学定位各个层次学生的培训方案，实现教育与职业发展相适应

对营销管理类人才和营销策划执行类人才实行专业化、特色化教学模式。对于具有不同学习动机、学习目标的学生制定特色化培养教育方案，让教学方案的效果得到最大化体现。

4.以职业发展、市场需求为导向，合理设置专业课程

在学科基础课程上，增设特色专业课程。在经济管理营销类的基础理论课程上，开设特色专业选修课程，让学生不被固化的课程安排束缚，拥有更多的自主选择权。

5.与企业建立二元教学格局，加强企业实训

与企业的教学合作可以让理论知识学以致用并且提高实战能力。完善专业教学标准的评估与考核，淡化分数指标，强化实战能力测评，让继续教育的实用价值得以体现。

(五)实践教学

1.强化实践教学,提高实践教学质量

作为培养学生实践能力的有效方法,实习基地是学生接触社会、锻炼基本技能的重要场所,对于培养学生的动手能力有较大帮助。在实习基地教学中,不仅极大地缩短了学校与一线工作岗位的距离,还可以有效提升学生的上岗能力,加深学生对所学专业的认识,锻炼学生的实践能力,体现以就业为导向的应用型人才培养理念。所以,学校不仅要鼓励学生积极进入企业的实习基地实习,而且要有意识地让学生经常参加社会实践活动,尤其是市场营销方面的活动。科学规范的监督考核机制,对于提高实践教学质量也有较大帮助。在考核内容上,可以重点考核学生在实践活动过程中解决问题的能力和创新能力;在考核方法上,可以灵活多样,要尽量做到考核结果的公平公正,充分体现实践教学特色,提高实践活动的实用性。

2.强化案例教学,完善体验式教学体系

市场营销课程教学中实施体验式教学模式,应该积极施行案例教学法,并以生活中实际的案例,激发学生的探究意识、学习兴趣,从而增强学生的学习体验。然而在采取案例教学法时,并不能随心所欲地选取案例,而应遵循以下两点原则:其一,选取贴近生活的热门话题,以生活化的案例吸引学生的注意力,激发学生探究分析的欲望。譬如在讲解"竞争性定位战略"时,可以选择生活中的热门话题,如"美团外卖"与"饿了么"的O2O营销之争,以及"滴滴出行"与"快的打车"等竞争性定位战略的热门案例。其二,选择典型案例。典型案例之所以典型是因为其具有表达性与普遍性,因此研究分析典型案例是将理论运用于实际问题的最佳途径之一。

3.强化"实践一体化"教与学

市场营销"实践一体化"教与学要求实践参与者设计应与知识体系设计相辅

相成，以服务地方政府与社会为出发点，其中各个实践环节用一个企业单位串起来。重点进行实践系统中参与者的角色设计，通过调研、访问、交流、协商，成立由学校教师、企业人士、政府人员共同组成的“实践顾问团”。在深入沟通后，明晰实践教学一体化体系中各个参与者的责任与义务，以达到两方面效果：一方面，学生能力培养与企业需求一体化，使学生能够切实地服务地方政府、服务地方企业；另一方面，打破实习基地流于形式的窘境，让当地政府、企业成为学生的实践实验室。

教师对实践教学的设计要充分考虑学生的能力与需求。通过设计访谈提纲与调研问卷，深度挖掘学生内心深处对教学与实践的需求。从学生的角度出发，设计出最人性化的实践教学模式。实现学生素质“需求”与教师知识“供给”的互动。

4.加强“岗位式”的实践教学

这一模式强调把课内课外、校内校外有助于岗位能力培养的各实践环节综合，成为一个连续有序又互相作用的整体系统。比如，在讲授营销项目调研时，可以引进相关公司的营销项目，开展具体业务。按照工作流程设置以下初级岗位：市场调查员、促销员、营销员、客服专员。让学生自己组建销售团队，开展具体的工作。

5.加强实习基地建设

未来市场营销专业建设应以学院为单位，加强对外的联系、合作与交流，强化实习基地建设。应充分借助当前已经建立的各专业教学实践基地，进一步发挥实习基地的作用。同时，努力在全国各地选择合适的企业，建立新的教学基地，以扩大学院的影响，为广大继续教育学生提供更好更优质的服务。目前，西南大学经济管理学院已设立的与市场营销专业有关的实习实践基地如表3-18所示。

表3-18　市场营销专业实习基地一览表

序号	名称	面向专业
1	重庆力帆(集团)股份有限公司	会计学、工商管理、人力资源管理、物流管理、国际经济与贸易、市场营销
2	重庆旅投集团	旅游管理、会计学、市场营销、人力资源管理、物流管理
3	中国大地保险重庆分公司	金融学、会计学、物流管理、市场营销、人力资源管理、经济学、国际经济与贸易、工商管理
4	大英县行政服务中心	金融学、会计学、市场营销、物流管理、人力资源管理、经济学、国际经济与贸易、工商管理、农林经济管理
5	重庆华牧实业集团有限公司	金融学、会计学、物流管理、市场营销、人力资源管理、经济学、国际经济与贸易、工商管理、农林经济管理
6	重庆市大唐科技股份有限公司	金融学、会计学、物流管理、市场营销、人力资源管理、经济学、国际经济与贸易、工商管理、农林经济管理
7	神驰机电股份有限公司	金融学、市场营销、会计学、物流管理、人力资源管理、经济学、国际经济与贸易、工商管理、农林经济管理
8	重庆鑫来农产品开发有限公司	农林经济管理、市场营销
9	重庆北碚稠州村镇银行	金融学、会计学、市场营销、物流管理、人力资源管理、经济学、国际经济与贸易、工商管理、农林经济管理

(六)成绩考核

公共选修课程考核主要采用形成性考核评价,课程成绩由网上学习和作业(测验)组成,其余课程采用课程形成性考核评价和课程终结性考核评价相结合的课程考核评价方式。课程期末考核方式分为网考、笔试、实作等几类。课程成绩一般由作业、网上学习、期末成绩等三部分组成。

学校规定课程考核包括笔试考试、大作业、随机机考和过程考核等形式，每门课程的考核形式均已在教学计划中明确注明。

笔试考试均为闭卷考试，需要考生按照考试时间安排到学习中心、函授站（点）集中参加考试。笔试考试的时间一般安排在每年6月和12月的第一周周末举行。

大作业、随机机考和过程考核均为网上考试，考核时间一般安排在笔试考试前开始，至笔试考试结束后3天内，一般时长为15天。大作业考核可在规定的考试时间段内，随时随地上网参加考试，直到考生提交或到达规定时间为止。随机机考则是在规定的考试时间段内，一次性随机抽取一套试题，并在120分钟内完成。过程考核可在本课程的学习过程中，每月一次抽取试题参加考核。

如考生因故不能参加，可在学习系统中请假或向学习中心请假。如考生考试未通过，可在下一次考试时再次参加考试。考试过程中需要遵循的规章制度如下：《西南大学网络与成人教育课程成绩评定与管理暂行办法》《西南大学网络与成人教育课程学习与考核违规处理暂行办法》《西南大学网络与成人教育课程考核管理办法》《西南大学网络与成人教育考试纪律》。

六、师资队伍

（一）教师规模和结构

继续教育市场营销专业共有教师22人，其中教授8人，副教授8人，讲师6人，高级职称占比73%，拥有博士学位11人，占50%，博士生导师5人。45岁以下11人，占比50%，55岁以上5人，占比23%。拥有出国访学1年以上经历者，7人，占32%。整体上看，专业教师队伍学历较高，职称较高，除年近60岁的人数较多之外，年龄结构良好，还具有很好的国际视野。

表3-19 西南大学市场营销专业师资队伍一览表

课程类别	序号	课程名称	任课教师	年龄	最高学历	职称
专业必修课程	1	西方经济学(上)	黄庆华	45	博士	副教授
	2	管理学原理	王北军	43	博士	副教授
	3	会计学原理	马锦前	60	本科	副教授
	4	金融学	谢家智	50	博士	教授 博导
	5	统计学原理	张集琼	60	硕士	副教授
	6	西方经济学(下)	黄庆华	45	博士	副教授
	7	经济法	杨映忠	54	硕士	副教授
	8	市场营销	黄军	50	硕士	讲师
	9	企业管理学	黄燕萍	35	硕士	讲师
	10	国际经济学	李玉梅	49	博士	副教授
	11	现代谈判学	刘新智	40	博士	教授 博导
	12	财政学	祝志勇	52	博士	教授 博导
	13	管理心理学	赵波	38	硕士	副教授
	14	企业战略管理	王钊	60	博士	教授 博导
	15	公共关系学	黄军	50	硕士	讲师
	16	人力资源管理	欧文福	52	博士	教授
	17	现代广告学	袁琳	36	硕士	讲师
	18	国际贸易	冉宗荣	51	博士	副教授
	19	消费者行为学	江娟丽	38	博士	讲师
	20	市场营销案例分析	黄俊	45	博士	教授 博导
	21	商务沟通	黄俊	45	博士	教授 博导

续表

课程类别	序号	课程名称	任课教师	年龄	最高学历	职称
专业选修课程	1	国际商务谈判	唐雪漫	42	博士	讲　师
	2	国际金融	朱泽山	60	本科	教　授
	3	财务管理学	何跃群	58	硕士	教　授
	4	组织行为学	牟　松	45	硕士	讲　师
	5	物流管理	黄　俊	45	博士	教　授 博　导
	6	财务会计学	何跃群	58	硕士	教　授
	7	审计学原理	马锦前	60	本科	副教授
	8	税收学	张秀丽	38	博士	讲　师

(二)专业背景和水平

专业课程任课教师全部都有博士学位,专业核心课程任课教师一般都具有高级职称,师资队伍综合素质较高。此外,为了更好地开展市场营销专业的教学工作,提升教师的专业水平和教学质量,培养复合型、应用型人才,本专业在未来几年拟定如下师资队伍发展规划。

1.师资队伍建设的目标

按照培养西南大学继续教育高素质实用型市场营销人才的要求,充分认识全面提高师资队伍整体素质的重要性和紧迫性,切实加大师资队伍建设的力度,力争经过5年努力,建设出一支师德高尚、教育观念新、改革意识强、具有较高教学水平和较强实践能力、专兼结合的教师队伍。

数量指标:根据本专业学生人数的增长,专业教师队伍人数达到30人左右。

质量指标:引进学术骨干,本专业教师中35岁以下青年教师具有博士学位的比例达到100%,增加专业教师中博士的比例。进一步优化职称结构,大力提升高级职称教师人数。

2. 主要措施

(1)提高专任教师的专业理论水平和业务水平。采取现有教师进修、培训、引进、外聘等多种措施,不断提高本专业教师的专业理论水平和学历层次。大力提高教师使用现代教育技术的能力,鼓励和支持教师使用计算机辅助教学、模拟教学、多媒体教学、网上教学等手段,在专业课程的教学中,做到100%使用多媒体课件进行教学、利用现有的专业教学软件进行模拟演示和实操,提高教学质量和效率。积极参加各种与市场营销专业相关的学术研究组织和研究团体,为教师提供学习和交流的机会与平台,使教师能及时了解和汲取本专业研究领域的新发展、新知识和新技术,不断提高自身的专业理论水平和业务水平。

(2)建设一支实践能力强、教学水平高的兼职教师队伍。聘任兼职教师是改善现有专业师资结构、加强实践教学环节的有效途径。因此,结合市场营销专业的教学需要,加强兼职教师队伍建设。兼职教师应主要由企业及社会上的专家、高级技术人员、能工巧匠和行业精英等组成。

(3)建设一支理论基础扎实、技术应用能力强的教师队伍。一方面通过支持教师参与产学研结合、专业实践能力培训等措施,提高现有教师的素质;另一方面重视从企事业单位引进既有工作实践经验,又有较扎实理论基础的高技术人员和管理人员,充实教师队伍。

七、教学条件

(一)教学设施

学校为各专业提供数量充足、功能完善的教学设施,包括图书馆、资料馆、专用教室、案例讨论室、实验室;同时还拥有线上线下教学平台,实现了线上线下的资料与资源共享。

(二)信息资源

学校为各专业搭建网络在线学习平台,课程板块包含课程简介、学习内容、主题讨论、课程答疑、共享笔记、课程统计、课程通知。网络在线学习平台将开放知识点视频课程,加强实时交互答疑,课程学习在线辅导等,并对学习方法进行指导,对毕业论文进行辅导。在此基础上,加强网络平台的督学功能,定期通报学生在线学习情况,跟踪督促学生日常远程学习,学生也可以通过平台实时查询自己的学习情况。

学校为各专业提供数量充足、种类齐全的纸质和电子图书资源,配置满足教学需要的电子资源数据库以及检索工具,向学生推荐教材和必要的教学参考资料,为师生提供便捷的信息资源服务。

鉴于继续教育对网络依赖性强的特点,网络远程教育成为继续教育的主流教育方式,其兼容了面授、函授和自学等传统教学形式,是多种媒体优化组合的教育方式。其教学优势主要在于能够为师生提供更为多元且便捷的信息资源服务。

1.资源利用最大化

各种教育资源库通过网络跨越了空间距离的限制,使学校的教育成为可以超出校园向更广泛的地区辐射的开放式教育。学校可以充分发挥自己的学科优势和教育资源优势,把最优秀的教师、最好的教学成果通过网络传播到四面八方。

2.学习行为自主化

网络技术应用于远程教育,其显著特征是:任何人、任何时间、任何地点、从任何章节开始、学习任何课程。网络教育便捷、灵活的“五个任何”,在学习模式上最直接体现了主动学习的特点,充分满足了现代教育和终身教育的需求。

3.学习形式交互化

教师与学生、学生与学生之间,通过网络进行全方位的交流,拉近了教师与学生的心理距离,增加和扩大了教师与学生的交流机会和范围。对学生提问类型、人数、次数等进行统计分析可以使教师能及时了解学生在学习中遇到的疑点、难点,以便更加有针对性地指导学生。

4.教学形式个性化

在线教育中,运用计算机网络所特有的信息数据库管理技术和双向交互功能,一方面,系统对每个网络学员的个性资料、学习过程和阶段情况等可以实现完整的系统跟踪记录;另一方面,教学和学习服务系统可根据系统记录的个人资料,针对不同学员提出个性化学习建议。网络教育为个性化教学提供了现实有效的实现途径。

5.教学管理自动化

计算机网络的教学管理平台具有自动管理和远程互动处理功能,被应用于网络教育的教学管理中。远程学生的咨询、报名、交费、选课、查询、学籍管理、作业与考试管理等,都可以通过网络远程交互的方式完成。

(三)教学经费

教学经费专指在专业教学各个环节发生的资源建设费用、教学运行费用与教学评估费用等。教学经费的投入应较好满足专业人才培养需求,并随教育事业经费的增长而稳定投入。教学经费不得用于非教学用途。

八、质量管理

(一)管理目标

1.综合性质量管理目标体系的设立

设立以学习者职业能力提升为目标,建立以培养目标、培养规格、课程体系、教学规范、专业师资、教学条件、教学过程、教学改革与研究、教学效果等为核心的综合性质量管理目标体系。该管理目标体系的设立目的,一方面在于形成良好的教学导向,引导教师积极参加教学改革,参与新课程实践活动,积极参加相关专业理论的学习和教学科研活动,不断提升高校教师的教学质量和教学能力。另一方面在于充分考虑了学生的知识结构特点、学习质量的差异以及实践创新能力发展等基本态势,有利于针对学生个体差异化进行阶梯式的目标管理,及时发现自身的特点与长处,对未来有更加清晰的职业规划。

2.毕业生质量跟踪机制与外部质量监控机制的共同监控

为全面了解本专业毕业生的质量,需要增加以质量监控为目标的毕业生质量跟踪机制。首先,建立起学院毕业生质量跟踪调查制度,跟踪调查以问卷调查、电话访谈等形式进行,以便于了解本专业毕业生参加工作之后的(如思想品德、专业技能和理论知识的综合运动能力以及适应岗位工作等)情况。其次,由招生就业处成立专门的就业工作领导小组,对毕业生质量跟踪调查进行统筹规划,负责毕业生的跟踪、调查以及反馈信息,并与校地合作处负责日常工作协调与材料汇总;同时两部门定期组织调研人员对用人单位进行专访,详细调查用人单位对本专业毕业生的综合评价与反馈,听取用人单位的意见和建议,提供调查报告并留档。最后,建立用人单位数据库与毕业生数据库,并指定专人及时更新维护,同时利用用人单位来校招聘应届毕业生的机会,积极了解应、往届毕业生在各用人单位的实际表现,具体包括工作表现中专业知识的综合应用能力、个人交际能力以及实践创新能力等。以便于随时掌握本专业毕业生的发展情况与社会评价,了解学院目前的教学是否存在瓶颈,有助于进一步改进教育教学工作。此外,还有利于掌握未就业毕业生的实际情况,及时提供就业岗位信息,提升本专业学生的就业质量。

(二)质量规范

1.各职能部门需协调配合,优化学校资源配置

在继续教育专业标准的实施工作中,会涉及学校财务处、发展规划处等机构部门,只有学校各部门通力合作,专业标准的实施才能得到真正实施。财务处是

学校的行政职能部门,是学校的一级财务机构,在校长的领导下统一管理学校的各项财务工作。在继续教育专业标准的实施过程中,需要一定资金进行支持,财务处应该合法多渠道、多形式、多层次地筹集资金,科学配置学校资源,努力节约支出,提高资金使用效率,加强财务分析,为学校决策提供依据。发展规划处是负责牵头制定学校发展规划与决策咨询工作的行政管理部门。在继续教育标准实施的过程中,发展规划处应该从学校可持续发展的角度出发,正确协调标准实施各方面工作,优化学校相关资源配置,定期统计、分析相关信息和数据。校地合作处是学校为服务地方经济建设,加强与地方和企业合作,加快科技成果推广转化,与地方、企业开展师资、干部、技术人员培训,在招生就业、继续教育、网络教育等方面展开合作而设立的专门机构。在有关继续教育专业(市场营销)标准中,实践教学环节是实现以职业能力提升为导向的重要部分,校地合作处应该加强与地方、企业的交流与合作,提升实践教学的针对性和实用性,为学习者提供良好的实践场所,真正提高学习者的职业能力。

2.创新教学方式方法,加强师资力量建设

在继续教育专业标准的实施中,教学单位(经济管理学院)作为直接负责继续教育主体教学任务的部门,应该根据继续教育所具有的特点,并结合本专业(市场营销)的具体教学要求,严格按照标准规定安排教学工作。首先,对于专业标准中各课程的任课教师进行精心挑选。选择那些业务能力强的骨干教师,并对其进行培训,更新任课教师理念,深入学习继续教育专业标准,并组织相关教师参与课程标准开发过程,教师要广泛开展行业、企业调研,了解行业的现状和发展,了解相关职业岗位的主要职业活动,熟悉工作流程,深入了解市场和企业所需要的职业能力。其次,课程标准中的教学目标要细化到每个项目的知识点和能力要求。一些典型的训练项目(或训练任务)、学习情境及重点、难点等均应给出授课方式、教学手段、教学方法、考核方式、学习成果等。最后,课程标准应具有详细的考核要求和考核标准。在实际考核中，教师要注重对学生学习过程的评价，评价的手段和形式应多样化，过程评价与结果评价相结合，充分关注学习者的个体差异。

3.加强有关继续教育专业标准实施工作的顶层设计和管理创新

首先，学校应根据发展的整体规划和继续教育发展的目标设定，对于相关学校管理制度进行有针对性的创新，学校可以对继续教育专业标准的实施工作实行分级负责，责任到人。同时，对于继续教育专业标准实施工作的完成状况和质量建立科学合理的绩效评价体系，量化考核，并将考核情况与年度工作考核和职称评定等直接挂钩，真正实施好继续教育专业标准实施工作的人员责任管理制度。其次，学校应做好各项统筹工作。协调各个机构部门、教学部门和直附属单位之间的工作，包括财务处、校地合作处、招生就业处、网络与继续教育学院以及标准实施的各二级学院等。统筹安排好教学、财务、管理、基础设施建设等各项工作，使各个职能部门能够各尽其责，避免政出多门、责权划分不清等管理问题的发生，切实做好管理工作。最后，为保障实施继续教育专业标准工作的顺利开展，学校还应该做好各方面的反馈工作，及时发现标准实施工作中所出现的问题。

4.根据质量目标要求建立教学质量的诊断与改进机制

首先，网络与继续教育学院相关部门和人员，特别是专业所在学院，应该对继续教育专业（市场营销）标准进行深入学习和研究，明确市场对于继续教育的需求和学习者的内在需求。其次，完善考试和评估制度，确保标准真正作用到学生身上。继续教育的发展受到制约很大一部分原因是没有一套完善的考试和评估制度，使继续教育落入了应试教育的怪圈，使学生不能真正掌握所学的知识和技能。所以，为保证继续教育专业标准得到真正实行，必须要改革和完善继续教育的考试制度。改革和完善考试制度，对成人高等学历教育的入学考试各环节应有严格的制度给予规范，从对考生报名的资格审查、监考、阅卷到录取工作，都应把好关并对违规者予以严惩，在考试方式和内容上一定要体现出新标准的精神和特色。再次,网络与继续教育学院作为继续教育工作的归口管理部门,在标准的实行过程中,要做好各类教育资源的合理调配,提高资源利用率和使用效率,相关技术部门也应当以继续教育专业(市场营销)标准为指导,利用现代科学信息教育技术,为新标准的实行提供坚实的技术支撑。此外,教务部门在教学安排、毕业论文、教学检查、教学督导、教学评价等方面的管理工作,也应该以继续教育专业(市场营销)为指导,展开相关工作。最后,网络与继续教育学院应该积极与学校各机构部门和教学部门(经济管理学院)进行协调,确保继续教育专业(市场营销)标准的有效实施。

5.在开展优势性继续教育的同时建立与之对应的质量评估机制

继续教育从其受众上来看,选择该教育方式的学生希望能够直接提升其职业能力;从市场和企业角度而言,有针对性地提升员工职业能力,使其适应市场和企业发展的需要。因此,对于高校教师而言,对继续教育应设立与高等教育不同的发展定位与目标,并结合本校特点和特长有针对性地发展继续教育。与此同时,针对不同主体,更重要的是要建立与之匹配的质量评估机制,并根据评估信息反馈对教师教学质量、学生学习质量以及企业实训质量进行严格监控。针对教师教学质量,可采用外部评价为主、自我评价为辅的形式。外部评价主要采用学生评价、同行评价、教务处评价等多种评价机制,以此对教师教学质量进行全过程评价、全面性评价和全员性评价。针对学生学习质量,可根据学院制定的一系列实践教学考核评价办法,分别由教师以及实践单位对学生的专业能力、基本技能以及创新能力等多方面进行综合性评价。针对企业实训质量,则可以根据学生实践成果和质量进行全方位评价与判定。可以根据对质量监控的评估和分析,针对继续教育学生学习过程中存在的问题,及时采取纠正与预防措施,并进行有针对性的改进,从而为学生提供更为优质的职业教育,更好地提升其职业能力。针对学校而言,也能够促进西南大学继续教育专业健康、可持续发展,更好地履行现代大学的社会责任。